教海探航：现代高校教学模式与方法探索研究

张悦 著

中国商业出版社

图书在版编目（CIP）数据

教海探航：现代高校教学模式与方法探索研究 / 张悦著. -- 北京：中国商业出版社, 2023.1
ISBN 978-7-5208-2335-7

Ⅰ. ①教… Ⅱ. ①张… Ⅲ. ①高等学校－教学模式－研究－中国 Ⅳ. ①G642

中国版本图书馆CIP数据核字(2022)第226660号

责任编辑：王　静

中国商业出版社出版发行

（www.zgsycb.com 100053 北京广安门内报国寺1号）

总编室：010-63180647　编辑室：010-83114579

发行部：010-83120835/8286

新华书店经销

定州启航印刷有限公司印刷

*

710 毫米 ×1000 毫米　16 开　12.25 印张　220 千字

2023 年 1 月第 1 版　2023 年 1 月第 1 次印刷

定价：78.00 元

* * * *

（如有印装质量问题可更换）

前言

高等学校作为培养未来高素质创新型人才的重要阵地，肩负着十分重要的责任。在平时的课堂教学中，教师在创新教育中起到了关键性的作用，而学生是接受创新教育的主体。创新教学模式是提高课堂教学质量、培养创新型人才的真正有效的措施。教学模式改革可将新的教学理论运用于教学实践，使新的理念转变成人们易于接受和掌握的方式，实现教育教学理论对教学实践的具体指导。教学方法是学校实现教育理想的钥匙，教学观念、教学目标、教学内容、管理制度等教学要素通过教学方法而发生联系，使高校教学活动充满活力与魅力。教学方法在肩负着重要使命的同时，又新旧并存、复杂且充满变化，因此，高校必须尽快调整教学方法以适应充满机遇的社会发展。

本书首先概述了高校教学模式的基本内容，包括高校教学模式相关理论、高校教学模式的类型和选择、高校常用的教学模式和选择、高校教学模式构建的行动策略等；其次对高校教学方法相关概念进行了阐述，进而论述了现代高校教学方法的选择运用、现代教学模式创新举措、现代高校教学模式应用以及现代高校教学方法改革创新；最后对高校教学模式与方法的发展前景进行了展望。

在本书的编写过程中，得到了很多专家、教授的帮助，在此表示感谢。由于高校教育教学涉及内容广泛，加之时间仓促，书中疏漏之处在所难免，恳请同行专家和读者不吝赐教。

张悦

目 录

第一章　高校教学模式概述

第一节　高校教学模式相关理论

一、教学模式概述

简单地说，教学模式的含义主要有两种，一种是指某种特定的教学方式，如“合作型教学模式”“探究型教学模式”，偏向于教学理念的表达，本身不具有可操作性。另一种指的是某种特定的教学程序，如“教、学、练”教学模式等，这里偏向于后者，即在一定的教学思想指导下，在一定的环境下建立起来的较为稳定的教学活动程序。

教学模式的在形式上的演变过程：传统的面对面教学模式→基于 Web 的数字化教学模式→泛在学习模式。传统的面对面教学模式主要是指互联网兴起之前，教学方法主要是老师讲课、学生听课的形式，学习材料是基于学科知识体系的，学习方法单一。基于 Web 的数字化教学模式是指早期的信息化教学模式，如在线教学等。泛在学习模式不是以传统学习模式中的教师为核心，而是一种学习互联的形式，学生自主学习，教师辅助。“泛在”主要指学习资源和教学服务，即当人们遇到问题或对某些事物感兴趣时，学习资源云平台可以根据用户的需求信息和学习喜好等信息进行智能搜索和推荐学习资源，提供教学服务。满足用户需求的学习材料和背景信息被推送到教学终端，学习者实现按需学习和情境体验，进而获得最适合自己的学习内容。

（一）教学模式的要素

总体来说，教学模式应该具备五大构成要素：理论基础、教学目标、教学程序、教学条件和教学评价，具体分析如下。

1.理论基础

美国学者乔伊斯和韦尔指出，任何一个模式都应该有一个内在的理论基础，其存在的意义在于为学习者提供了一个风向标。理论基础既可以是单学科的研究领域，也可以是多学科的研究领域。与其他构成要素相比，理论基础不仅是一个独立的因素，同时也存在于其他要素中。

2.教学目标

教学目标是指根据解决不同类型课题而确定的不同教学目的、任务，包括传授知识、训练技能、培养能力及思想品德教育的目标，它是教学模式的核心要素，对其他要素有制约作用。

3.教学程序

教学程序是指详细说明教学活动的逻辑步骤和操作过程。教学模式独特性的另一个体现就在于其有一套独特的逻辑步骤和操作过程，用来说明教学的先后顺序。在教学模式中，教学程序具有一定的稳定性，但也不是一成不变的，可以根据实际情况灵活变通。

4.教学条件

教学条件是指在教学模式实施过程中，能够为实现教学目标提供的各种所需要的条件，其包含的内容比较多。比如，教学资源、教学工具、教学技术等具象条件，以及人际互动、教学角色和教学情境等抽象条件。

5.教学评价

教学评价是指以一定的方法和一定的标准来对教学模式是否有效进行的评价。由于教学模式所具有的教学目标、教学程序和教学条件的不同，对其评价的方式也不同。

（二）教学模式的特征

教学模式具有如下典型特征。

1.原型

教学模式是对教学活动方式的抽象概括，源于教学活动经验。成熟教学模式的基本结构相对稳定，但不是一成不变的，不等于公式，而是一个开放的和不断完善的动态系统。

2. 模型

教学模式是各要素及其相互关系的结构化的、简约化的表达方式，是对理论基础、教学目标、教学条件、教学策略 / 方法和评价的有机整合，是对教学的空间关系和时间关系的系统概括。教学模式在空间上表现为多要素的相互作用方式，在时间上表现为操作过程的顺序。

3. 范式

在一定范围内，教学模式具有一定的代表性和示范性。任何教学模式都有一定的适用范围，有其独特的运作条件和系统的策略 / 方法，教学模式具有形象具体的表征、开放性的动态结构和可操作性的特点，具有启示、借鉴、模仿和迁移、转换的价值。面对多样化的教学模式，优秀的教学者总是能够结合具体的教学情境予以灵活变通或重构，以发挥教学模式的最大效用。

二、教学模式的作用功能

现代高校一般把教育理论分为基础理论和应用理论两大类。教学模式理论是教育学中的应用理论，是理论与实践的桥梁。长期以来，由于学科的分化和研究的专门化，教育理论与教育实践之间存在着一道鸿沟，而教学模式正是沟通教育理论与实践的最好桥梁之一。

从理论的角度看，即使是完全正确并且是有现实意义的教育教学理论，如果不以某种较为通俗、便于参照执行的形式作为载体，广大教育工作者是难以理解的。相反，如果将反映新的时代要求的教育教学理论加工成能直接在教学中参照执行的教学模式，这种理论就可能迅速而成功地产生实际效果。

从实践的角度看，不少教师、教育管理人员在从事教学工作或教学管理工作时往往凭经验办事。虽然有时他们也学习教育教学理论，但由于学的多是基础理论，学来的理论知识常常难以较好地应用到实践中。由于教学模式既是集中反映教育观念、教学思想的应用理论，又是能直接拿来用于教学和教学管理实践的工作指南，所以学习和研究教学模式对提高教师和管理人员的业务素质，推进教学改革，提高教学质量，有着重要的现实意义。

此外，研究教学模式，有利于在教改方面取得显著成绩的教育工作者从教学模式的高度总结、升华自己的探索成果。大量事实证明，来自教改实践的探索成果，如果能升华为教学模式，就容易得到人们的认可，更便于推而广之。研究教学模式，学习和推广科学的教学模式，研究和创造出反映时代特点并经得起实践检验的新教学模式，对扭转“理论下不去，实践上不来”的局面，推动教育理论的实践化和实践经验的理论化，有着十分重要的意义。

（一）描述构建功能

教学模式筛选了被实验证明行之有效的教学经验，并对其加以概括和简化，构建为一种相对稳定的结构框架和活动程序，用来描述某一特定教学过程所涉及的各种因素以及它们之间的关系。教学模式的描述和构建往往是围绕某一确定主题进行的，这就使教学模式具有了强大的凝聚力和独特的个性。经过教学模式描述构建的理论，是精练、浓缩的；经过教学模式描述组建的实践，则增强了典型性和优效性。教学模式描述构建功能的发挥，可使成功的教学经验得到整理加工，提高了教学理论的概括层次，使教学方式趋于结构化、稳定化。优秀教师可借助教学模式的描述构建功能，积累、加工、升华个人教学经验，使之转化为一般理论。

（二）咨询阐释功能

教学模式作为教学理论的简化形态，可以通过简明扼要的语言文字或象征性的符号图形，来阐释教学理论的基础及其基本特征，使教师直观而迅速地把握和领会其精神，从而完成给实践者提供咨询的任务。教学模式咨询阐释功能的发挥，有利于教学理论的普及与传播。实践者通过对教学模式理论要点的理解和操作要领的把握，增强其驾驭教学模式的信心和选用教学模式的针对性。教学模式有了咨询阐释功能，便成了教学理论的“解说员”和“宣传员”，使其内蕴的教学理论随着教学模式的选用而进驻实践者的头脑，并说服实践者自觉接受教学理论的指导，克服教学实践的盲目性而增强其有效性。

（三）示范引导功能

教学模式为一定的教学理论运用于实践提供了较为完备、便于操作的实施程序。如果掌握若干常用教学模式，那么青年教师初登讲台就有了进行教学的“常规武器”，在规范的教学模式的示范引导下，可以很快地过渡到独立教学，从而大大减少盲目摸索、尝试错误所浪费的时间和精力。教学模式的示范引导功能，旨在教给教师教学的“基本套路”，但并不限制或扼杀教师的创造性。

教师在运用这些“基本套路”时，可以根据具体教学条件或情境进行灵活的调整，形成符合教学实际的“变式”。教学模式示范引导功能的发挥，对青年教师尽快做到独立教学、学校教学工作规范化、正常教学秩序的建立等，有非常重要的意义。

（四）系统改进功能

教师通过应用教学模式，使教学活动过程系统化，构成一个整体优化的系统。要适应新的教学目标，就要对与之相应的教学条件、活动程序诸因素作一些改进，要求教师提高能力水平，以促进教学模式转化，直至以更有效、更完善的新模式取代旧模式。教学模式的系统改进功能是建立在教学整体观基础之上的，它要求教师以整体的、动态的眼光看待教学过程中的模式优化转换问题。教学模式系统改进功能的发挥，可带动课堂教学、师生关系、教学评价、教学管理等教学领域的一系列改革。现代教学的改革应着眼教学模式的整体优化转换。

（五）诊断预测功能

对照教学模式的理论基础、功能目标、实施条件、操作程序，教师可以对教学活动进行诊断，能够发现教学中存在的问题，如教学目标不明确、实施条件不具备、操作要领不规范等，查明原因即可据此改进教学。教学模式还可以帮助预测教学效果，因为它揭示出一种“如果……就必然……”的规律性联系。使用某种教学模式必须具备某些条件，而如果具备了这些条件，就必然会有某种结果出现。教学模式诊断预测功能的发挥，可以有效地增强对教学过程的控制和调节，使之朝着预期的方向发展，取得预期的教学效果。

第二节 高校教学模式的类型和选择

一、教学模式的类型

（一）基于学习理论的教学模式分类

乔伊斯和韦尔依据学习理论根源，将教学模式分为四个类别。

1.行为修正模式

理论依据：行为主义心理学，强调环境刺激对学习者行为结果的影响。

教学目标：通过知识与技能的教学改变学习者的行为和传承文化知识。

教学方法：直接教学、掌握学习法、模拟、程序教学、计算机操练与练习。

2.社会互动模式

理论依据：社会互动理论，强调教师与学生、学生与学生的相互影响和社会联系。

教学目标：教授社会技能和沟通能力。

教学方法：合作学习、群体讨论、角色扮演、法律调查、社会科学调查。

3.个人模式

理论依据：个别化教学的理论与人本主义的教学思想，强调个人在教学中的主观能动性，坚持个别化教学。

教学目标：开发内部资源，养成看待事物的新的和不同的方法。

教学方法：头脑风暴、求同存异法、课堂会议、思维导图、启发式教学。

4.信息加工模式

理论依据：认知主义的信息加工理论，把教学看作一种创造性的信息加工过程，依据计算机、人工智能的运行规程确定教学的过程。

教学目标：改善逻辑思维过程，培养批判性思维和深度思维。

教学方法：概念获得的探究模式、数学问题解决的记忆模式、生物科学的探究模式。

按照乔伊斯和韦尔的分类法，我国出现了一些依据不同思想或理论而建立的教学模式，包括依据结构主义心理学理论而建立的“结构—定向”教学模式，依据“教为主导，学为主体”的思想而建立的“学导式”教学模式，依据课程论和教学过程理论而建立的“六课型单元”教学模式，依据认知心理学而建立的“四阶段式”课堂教学模，等等。

（二）基于教学论的教学模式分类

教学论包括十分广泛的研究范围，其主体为两大部分，即教的理论和学的理论，教学论的核心必然涉及教师与学生。在教学过程中，教师要发挥主导作用，学生要发挥主体性。由教学过程的重心是偏向教的方面还是学的方面这一问题，可以引申出五种教学模式：问答模式、授课模式、自学模式、合作模式、研究模式。

教学论的五种模式是一个发展序列。从问答模式到研究模式，学生的学习主动性逐渐增强，体现了“教是为了不教”这一目标；教师的主导作用逐渐减弱，体现了“教是为了发展”这一目标。

（三）基于信息化的教学模式分类

从教育哲学的角度来研究信息化教学模式，可以形成一个教学模式分类框架，另外，教学模式的差别本质上是一种文化差别。教学模式的文化差别可以从认识论与价值观两个维度来考察。从认识论角度来看，存在着两种比较对立的观点：客观主义与建构主义。从价值观角度来看，同样存在着两种比较对立的观点：个体主义与集体主义。

将价值观与认识论看作考察教育文化差别的两个基本变量，将每一变量看作一个连续体，可得到一个关于教育文化的二维分类模型，以及四大类不同的教育文化：第一种，个体主义—客观主义；第二种，个体主义—建构主义；第三种，集体主义—客观主义；第四种，集体主义—建构主义。对某些模式来说，它们的哲学取向并非那么单纯，往往结合了多种不同的哲学思想。

如图 1-1 所示，传统的计算机辅助教学（computer Aided Instruction）主要集中在Ⅰ区，强调个别化教学，从传统的以教师为中心转换为以教学为中心（因为教师的直接教学任务被机器所替代）。20 世纪 80 年代以后，由于建构主义学习理论在教育技术中的应用和多媒体技术的发展，国际上信息化教学模式的研究兴趣转移到Ⅱ区，开始强调以学为中心。20 世纪 90 年代以后，由于网络教育的兴起，出现了以合作学习为中心的多种虚拟学习环境（Ⅲ区）。位于Ⅲ区的教学模式是从传统的电化教室发展而来的，增加了多媒体教学，虚拟教室的出现则大大拓展了其概念。

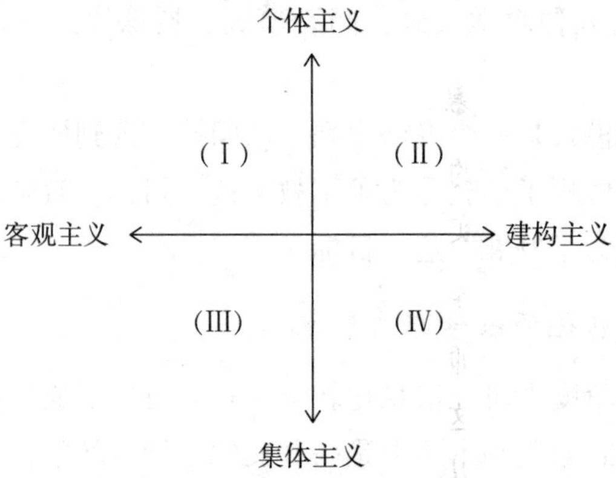

图 1-1　教育文化分类

教育文化分类框架将信息化教学模式分为以下四类。

第Ⅰ类：以个体主义—客观主义（以教师为中心——个别化）；

第Ⅱ类：以个体主义—建构主义（以学生为中心——个别化）；

第Ⅲ类：以集体主义—客观主义（以教师为中心——集体化）；

第Ⅳ类：以集体主义—建构主义（以学生为中心——集体化）。

对于一种具体的教育文化来说，它可以处在这个平面的某一位置上。这个分类模型还有助于表现教育文化的变迁问题，从客观主义和建构主义维度来认识教学模式的文化取向问题。一般来说，带有客观主义倾向的教学模式，适合于“良构”领域和基础知识的学习，其学习结果是能够“收敛”的（学生很容易达成共识），在知识应用能力方面通常表现为“近迁移”，因其采取直接传递的教学形式，通常有较高的教学效率；带有建构主义倾向的教学模式比较适合于“劣构”领域和高级知识的学习，其学习结果往往是“发散”的（学生不易达成共识），在知识应用能力方面通常表现为“远迁移”，因其大多采取发现式和讨论式的教学形式，一般来说，耗时较多，其意义是注重学生创新能力的提高。传统的教育文化是倾向于客观主义的，但现在许多国家的教育研究已开始将注意力转向建构主义，这与世界上的科学研究开始向那些劣构及发散领域转移的趋向是一致的，现代信息技术的发展也为建构主义学习提供了强有力的保证。

二、选择教学模式的策略

关于如何科学、合理地进行教学模式的选择，保障教学工作的顺利实施，可以考虑以下几点策略。

（一）选择熟悉常用的教学模式

每位教师都应熟悉常用的几种教学模式，知道每种模式的结构和功能，并能够运用于自己的学科教学实践中，还应注意以下几点。

1.模式多种多样，各有各的功能

当前，我国不少优秀教师在教学方法的改革方面创造了十几种甚至几十种不同学科的课堂教学模式。这一现象是随着我国专业学科教学目标逐步完善的过程而出现的，这是对原来以“传授—接受”为主的教学模式的改革。现代教学要以能力培养为目标，这不是对传统教学目标的否定，而是对传统教学目标的补充、丰富和发展，使之更全面、更完善。因此，近年来，在教法改革方面出现的以培养能力为主要目标的，或是以陶冶情操为主要目标的各种各样的教学模式，不是对我们习惯采用的“传授—接受”教学模式的否定，而是对它的补充和发展，使得教师可使用的教学模式丰富多彩、多种多样。它们各有各的结构、各有各的功能，教师在完成教学的知识目标、能力目标和思想教育目标时，可以根据学科特点、教材内容特点、某一节要完成的任务的侧重点，选用最适合的模式。

2.不存在适用于一切情况的最优模式

课堂上不存在一种适用于一切学科、一切教材内容、一切年级、一切教学目标的最优教学模式。教学目标是全面的，就某一课题或某一节课来说，甚至就某一节课的某一环节、某一步骤来说，教学目标可能只侧重于某一方面，那么教师就可以选用这一种或那一种教学模式。教师必须熟悉多种教学模式，在一本书、一节课中选用多种教学模式，多种教学模式互相配合运用。

3.熟悉教学模式的结构、功能和局限性

教师必须熟悉常用的教学模式。所谓熟悉，就是要清楚地知道它们的结构、功能和局限性。只有既熟悉各种教学模式的优点，又熟悉其局限性，才可能根据教学实际选取最合适的教学模式。

另外，目前有一些教师只熟悉自己长年累月用惯了的传统模式，这是教师优选教学模式的一大障碍，应该用加强自身学习的办法加以解决。

（二）按教学目标优选教学模式

教师可根据一节课的主要教学目标选用相应的教学模式。

（1）教学目标侧重于传授和学习系统知识的课，宜采用“传授—接受”模式。

（2）教学目标侧重于培养学生自学能力和积极主动精神的课，宜采用“自学—辅导”模式。

（3）教学目标既强调学好基础知识，又侧重培养学生独立获取知识的能力的课一部分环节宜采用“传授—接受”模式，另一部分环节宜采用“自学—辅导”模式。

（4）教学目标侧重于培养科学思维方法和探究能力的课，宜采用“引导—发现”模式。

（5）教学目标侧重于陶冶情操和体验情感的课，宜采用“情境—陶冶”模式。

（6）教学目标侧重于形成技能的课，宜采用“示范—模仿”模式。

（7）教学目标比较全面的课，如既要掌握基础知识，又要培养某方面的能力，还要潜移默化地渗透情感教育的课，宜综合采用上述多种模式于一节课中。

（三）按教学内容优选教学模式

教师可根据一节课的教学内容选用相应的教学模式。

（1）学习基本概念、原理、法则和基本事实、现象、过程的内容，可选用“传授—接受”模式或“自学—辅导”模式。一般地说，要求学生深刻理解其内含和外延的基本概念，采用“传授—接受”模式效果较好；学习易于理解的事实、现象、过程的内容，采用“自学—辅导”模式效果较好；学习严密推理过程的原理、法则，可选用“传授—接受”模式，也可选用“自学—辅导”模式，要视学生的自学能力如何而定。

（2）训练基本技能和音乐、美术、体育、劳技等动作技能，宜选用“示范—模仿”模式。

（3）某些由感性材料引出规律性理论知识的课程，应选用“引导—发现”模式或“自学—辅导”模式。

（四）按学生发展水平优选教学模式

教师可根据学生的年龄特点、知识和能力的水平以及动机水平，选用相应的教学模式。

一般来说，“自学—辅导”模式和“引导—发现”模式，要求学生有一定的自学能力，原有的知识比较多并且掌握得比较好。因此，年级越高越有可能采用这两种教学模式。相反，年级越低，选取这两种教学模式时越要慎重，要尽量降低学生独立学习的难度。

第三节　高校常用的教学模式和选择

一、高校常用的教学模式

在教学实践中，我国长期以来普遍采用的是“传授—接受”教学模式。这种模式的基本程序：激发学习动机—复习旧课—讲授新知识—巩固运用—检查评价。改革开放以来，我国教育界对教学模式进行了广泛深入的探讨，提出了许多新的教学模式，如“以教师为中心”的模式、“以学生为中心”的模式、“师生双主体”模式等课堂教学模式。在基于建构主义思想及其教学理论的“以学生为中心”的教学模式中，学生是主体，是知识意义的主动建构者，教师是教学过程的组织者、指导者、帮助者、促进者。这种教学模式有利于学生的主动探索、主动发挥，有利于创造性人才的培养，是与现代社会对人才的培养目标相适应的新型教学模式。但这种模式对教学环境的要求很高，必须有现代信息技术强有力的支持，教学主要通过人机交互进行。同时，以学生为中心往往容易忽视教师主导作用的发挥，忽视师生之间的情感交流和情感因素在学习过程中的重要作用。另外，如果忽视教师的主导作用，当学生自主学习的自由度过大时，这种模式还容易偏离教学目标的要求。

传统教学模式必须在先进的教育思想、教学理论、学习理论的指导下，继承和发展其精华，克服弊端，使之成为新教学模式的有机组成部分。目前，针对现代信息环境的课堂教学模式有“教师主体论”“学生主体论”“双主体论”等理论，吸收了现代教学论中发挥学生主体积极性的先进思想，强调学生在教学中的主体地位，注重调动学生的主动性、积极性，让其参与整个教学过程，形成良好的课堂的气氛；尊重学生的差异，根据每个学生不同的发展起点设计教学内容；学生之间合作学习，使每个学生都能体验到成功的乐趣，创造适宜于有效发挥学生学习潜力的学习氛围。

高等院校教学模式应提倡使学生成为教学过程的主体，同时反对“学生中心论”，以培养学生的认知能力和创造能力。一切以学生的兴趣和需要为出发点，提倡使教师成为教学过程的先导，但不是绝对主体。教师主导和学生主体是辩证统一的关系。学是在教之下的学；教是为促进学而教。

教学方法具有变异性和灵活性，教师可以灵活地选用，且应与教学实践相结合，努力设计和创新，这是课堂教学优化设计创新的重要保证。高校常用的教学模式包含以下几点。

（一）启发推理教学模式

启发推理教学模式的基本含义：在高校一般理论性、基础性较强的文理科课程教学中，以教师讲授为主线，讲授中注意启发学生学习的主动性、自觉性和积极性，采用归纳或演绎式的逐层推理方法，讲清概念、原理和思路，使学生在系统掌握知识、技能的同时，促进其能力的发展和思想品格的提高。

1. 功能目标

该教学模式的功能目标可概略地分为教养功能和发展功能两大部分。这种模式主要适用于系统地传授知识、技能，能广泛、高效率地向学生传递大量的信息，使学生在较短的时间内系统地掌握本学科的基本概念、基本原理，建立进一步学习的知识基础，同时培养学生的分析能力、记忆力和逻辑推理能力。

2. 结构程序

由于教学模式具有不同层次，每一种模式又可以有多种变式，以下是两种常见的变式。

（1）系统获取知识式。这一程序的目的是使学生在较短的时间内掌握更多的事实、结论和概念。它吸取了加涅累积学习的思想，其基本结构程序是激发动机、注意材料→建立联系→扩大感觉意象→促进迁移和回忆。第一阶段，激发动机，注意材料。教师要使学生明确学习本部分的意义，激发其学习兴趣。教师讲授要提纲挈领、条理分明，为了帮助学生记忆，可让其使用画线、列表和思考的方法。第二阶段，建立联系。教师要注意了解学生的知识基础，找到新旧知识的契合点，可以使用关键词、替代词和连接法等方法熟悉材料。第三阶段，扩大感觉意象。教师要使学生充分理解新学材料，可以鼓励学生在深度和广度上下功夫，自己找其他材料学习，还可运用联想和夸张的方法修改意象。第四阶段，促进迁移和回忆。教师可以引导学生将学到的知识应用于实际或与实际材料相对照，并尝试回忆材料，直到掌握为止。

（2）先行组织概念式。这种程序意在用演绎式方法，使学生掌握以先行组织概念为中心的内容明确、稳固而有系统的知识群。所谓先行组织概念，是在学习的第一阶段里向学生提示的学习课题本身或者更抽象概括的教材。它具有使之后的学习保持稳定和明晰同类概念之间的差异这一职能。其基本结构程序：提出先行组织概念→逐层分化学习任务或材料→综合贯通，增强认知。第一阶段，提出先行组织概念。教师要阐述本课的目的，呈示组织概念，确认正在阐明的知识属性，举出例子，促使学生意识到与其相关的知识和经验。第二阶段，逐层分化学习任务或材料。教师要使组织显而易见，使学习材料的逻辑顺序外显化，使学生保持注意。第三阶段，综合贯通，增强认知。教师在教学中要按照整合协调的原则，促进学生积极接受学习，并使学到的材料精确、清晰。

3. 操作要领

启发推理模式是对教材不做较大改组的模式。因此，在备课中，教师要将教材吃透，找出教材中的重点、难点和关键点，思考本课教材与学生已学过的知识的联系和契合点，编出本课结构提纲（含有各种变式的例证、参考资料等）。师生要怀有合作的态度，教师要帮助学生自觉掌握材料，而不是被动地接受。同时，教师要考虑学生感觉、联想的丰富性而大量采用图画、教学工具、电影及其他视听手段。在使用先行组织概念程序时，教师要对材料加以精心组织，找出先行组织概念。

启发推理模式应用不当则极易导致学生注入式的机械学习，所以教师要注意理解本模式启发性和推理性的实质。在教学中要注意两点：第一，一定要注意新学材料与先前学过的内容的联系，使学习的材料有意义；第二，教学中材料的呈现方式要多样化，要兼用批判性的思维进行研究，教师要采用多种方式，能够经常与学生一起进行探索和研究，变教学的单向传输为双向互动。

（二）引导探究教学模式

引导探究教学模式要求教师在进行有思考价值的前沿性课题教学中，创设问题情境或提出问题，为学生提供必要的资料、实验和实践条件，帮助学生建立假设，让学生通过资料的收集或实验来验证假设，最后形成系统的结论。学生在探究的过程中，可以学习科学的思维和研究方法，掌握本学科的前沿理论。

1. 功能目标

这种模式对教学目的和内容的理解包括科学概念（知识）、科学方法和科学态度三个方面。在探究过程中，学生必须具备科学的态度与方法。本模式带有科研的性质，重在培养学生的思维能力、动手操作能力和解决问题的能力，同时培养学生科学的思维方法和献身科学的事业心。

2. 结构程序

（1）引导发现式。教师根据教材的结构特点和学生的知识能力水平，将教材划分为一个个发现阶段，引导学生通过阅读、观察、实验、思考、讨论等各种途径主动去研究问题、总结规律，以达到获取知识、发展能力和养成科学态度的目的。其结构程序为创设情境→观察探究→推理证明→总结练习。这种模式强调教师的引导作用，以保证教学的高效率和学生学习的自主性。第一阶段，创设情境。教师要引导学生思考问题，将学生从旧知引向新知，或用现实生活实例引发学生思考新问题。第二阶段，观察探究。教师要引导学生发现目标，学生可以通过具体体验、分析比较或归纳整理，主动形成概念认知、理解原理、概括法则、寻求答案。第三阶段，推理证明。教师要引导学生验证发现，可以采用逻辑证明或与事实对照的方法来检验已获得的发现的正确性。第四阶段，总结练习。教师要利用学习效果的反馈强化，使学生获得知识的迁移能力，并总结自己思维过程的合理性与不足，确立和养成正确的思维方法和习惯。

（2）探究训练式。这种变式属于较高层次的使用发现法，能使学生的独立性、创造性得到充分体现，并使学生得到科研的训练。其结构程序为遇到问题→收集资料和建立假说→用事实和逻辑论证→形成探究能力。第一阶段，遇到问题。这要求教师引导学生带着问题意识观察具体事实或资料，让学生进入问题情境，并让学生尝试探究的程序，分化出核心问题。第二阶段，收集资料和建立假说。通过教师的指导和学生间的讨论，学生查阅资料，将所得的片段的知识，从各种不同角度加以改组、组合，构成假说和行动步骤。第三阶段，用事实和逻辑论证。学生利用资料或实验调查得出的论据证明假说。教师要不断引导学生综合分析，指导学生探究的方法和方向。第四阶段，形成探究能力。在一个问题的解决过程中，教师可以锻炼学生的探究能力，但还要引导学生总结自己的思维过程，形成更好的探究策略，在实践中应用已得出的结论不断探究新问题。

3. 操作要领

使用本模式是大学生培养科研和实际工作能力所必需的，但在教学过程中应注意以下三点。第一，恰当地、谨慎地选用引导探究模式。为保障教学内容的系统性，教师要将适宜使用本模式的教学内容划分为若干发现阶段，要对这部分教学内容做可行性研究，并制订教学进度表，总结学生探究的阶段性成果。第二，教师要提供必要的资料和实验条件，切忌指导过多，也忌撒手不管。学生探究的过程本身就是教学目的，而不是一定要取得什么惊人的成果。第三，使用本模式要时刻注意对学生进行科学方法和科学态度的培养。在教师指导下，学生分工合作，有利于培养学生的合作精神。学生在其中练就的科研能力、养成科学的态度将影响他们的一生。

（三）发现式教学模式

发现式教学模式是在教师的引导、启发和激励下，学生通过一系列发现的步骤，主动、自觉地探究知识、技能或理论。这种教学模式，有助于培养和发展学生的认知兴趣、好奇心和创造欲，以及独立观察、发现问题、思考问题和解决问题的能力。

发现式教学模式以教师指导下的学生自主探索、合作学习为主要特征。它强调学生的学习不仅是知识的学习，更重要的是元认知的发展、动机的强化、思维技能的训练、思想的产生、行为的养成等各个方面的潜能的释放。因此，发现式教学模式的本体意义是学生在原有认知基础上的主动建构与思想、情感、行为养成的主动发展。

在发现式教学模式中，有目的的尝试与顿悟是同时存在的，二者相辅相成。

1. 常见的发现式教学方法

（1）发现教学法。发现教学是以问题解决的方式，引导学生从旧的认知结构中衍生、扩充，从而建立新的认知结构的教学过程，它是借助学生过去的已有经验或概念，重新组织建构，以形成新的或更为复杂、高级的概念与图式。

发现教学是以情境问题开始的，以问题假设与问题验证为过程，以规则归纳与总结为结束，有其完整的教学流程。

（2）探究教学法。探究教学是指在教师引导下，学生主动参与到发现问题、讨论解决问题、寻找答案的过程中的教学方法。它与发现教学的区别在于，探究教学在提出问题之后，学生以小组为单位寻求解决问题的方案，实施该方案，最后各个小组在全班交流各自的问题解决方案，并形成一个最佳方案。探究的问题是开放的，探究的问题也不一定有唯一的答案。

（3）范例教学法。范例教学中的“范例”，即隐含着本质因子、根本属性、基础因素的典型事例。范例教学就是使学生通过对这种“范例”举一反三，掌握知识和方法，并通过学会的方法再去进行独立的学习。

2. 对发现式教学模式的评价

发现式教学模式是教育教学改革与发展中教师热衷于探索的一类教学方法。它具有下列明显的优点：训练学生的思维技能，促进思维发展，强化创新意识；注意体验性学习，增强学习兴趣；使学生学会学习，促进学生自学能力的提高；有助于提高学生学习和生活的独立性与合作性。

但发现式教学模式还存在一些缺点：花费时间较多，对基础知识与基本技能的训练不够牢固。

教学方法本身并无优劣之分。教学有法，但无定法，贵在得法。在教学实践中选择和设计教学方法时，我们要注意以下两点。第一，针对学生的学习情况，选择和设计教学方法。不同的学生群体（班级）有不同的学习基础，因而，必然有最适合于他们的教学方法。我们就要选择或设计最适合教学对象的教学方法。第二，针对不同的教学内容，选择或设计相应的教学方法。教学内容不同，其要求的最适合的教学方法也不同。

（四）问题研讨教学模式

问题研讨教学模式以解决问题为中心。问题来自教师（包括教材已列出的）和学生两个方面，这些问题要围绕教材规定内容提出。师生通过查阅资料、研究讨论、实践探索等方式提出解决问题的办法，最后由教师或教师指定的学生做问题总结。在这个过程中，学生在掌握规定的教学内容的同时，也得到思维和科研方法的训练。

1. 功能目标

这种模式有利于激发学习者的兴趣和创造潜力。每节课以解决几个问题为中心，师生群策群力，解决方案优中选优，可以使学生感受到创造的乐趣，从中学习解决问题的思维方法，也可从中学到相关的知识和得到科研训练。

2. 结构程序

（1）问题导入式。这种变式的特点是由教师提出本课需解决的问题。其结构程序为问题→提示→研讨→总结。使用这种变式的时间一般在高校文科专业课的前一阶段，课程内容比较系统且多数已有定论。

使用这用模式的前提是教师要把本课教学内容转换成有思考价值的若干问题，以这些问题来统率整个教学内容。教师提出的问题一般应是上一堂课列出而要在本堂课重点加以解决的。在这种问题情境下，教师重点指出解决这些问题的思路、现有研究状况和必需的资料，进而激发大学生的研究兴趣。大学生在独立钻研的基础上，互相讨论，形成解决问题的方案，整个课堂教学过程就是三五个小问题（视教材的复杂程度而定）的提出和解决。

在解决问题的过程中，学生也学到了相应的知识。教师或教师指定的学生可以适当地做些总结，进而把学生引导到需要在下节课解决的新问题上。

（2）问题调研式。这种变式要求师生对已有的理论进行实践验证或发展原有理论，从而能培养学生理论联系实际的学风和社会实践能力。其结构程序为提出问题→建立假设→制订调研计划与形成小组→个人与集体调研→讨论总结。

这种变式的问题要结合教学内容，但又不限于教材中列出的和教师提出的问题，学生可以质疑教材相应部分，教师可以归纳这些问题，在某学生提出问题时，其他同学就可以试图作出解答，互相争论，确定哪些问题值得研究并分析其可行性，学生尝试对做出的解释假设归类，然后本着自愿原则，建立各种调研小组，制订调研计划，在教师指导下进行个人与集体调研，定期讨论并做小结，遗留问题或有研究价值的问题可以继续调研，直至获得高水平的科研成果。有些问题可以作为一部分学生的课程论文或毕业论文。

3. 操作要领

应用问题研讨模式可以改变教师滔滔不绝地讲、学生静静地听的局面，有利于调动学生学习的积极性，也有利于培养他们的独立性、创造性和学习能力，还有利于培养学生的专业兴趣和科研能力。这种模式使用时要注意如下两点。第一，教师要对所授学科有全面的了解，在某方面要有独到的见解，能够提出若干有思考价值并统领教材内容的问题，了解学生原有的知识基础、科研能力等。大学生也要对本学科有一定的基础认识，有一定的自学能力和科研能力，学校或系要能提供图书资料和实践基地。第二，师生之间要有民主协商的气氛，教师要善于启发学生提出问题和建议，并控制问题的范围和难度，及时小结，保证学生学到本学科前沿的知识，锻炼其科研能力。教师在学生调研小组中要充当指导者和学术顾问的角色，保证学生调研和讨论的方向。但这种模式不适用于基础性较强的内容的教学。

（五）案例分析教学模式

案例分析教学模式要求教师在传统课本的基础上，收集资料和编写案例。教师向学生提示课本的要点和难点，给学生提供线索，让学生去总结案例。在学生分析案例的过程中，教师给予必要的指导，从而使学生学到必要的基础理论，培养其实际工作能力。

1. 功能目标

案例分析模式的目的是让学生通过分析案例，使学到的理论更深入、更扎实、更有针对性，并检验和消化理论，同时使学生形成一定的实际工作能力。

2. 结构程序

案例分析模式主要是让学生从案例中学习概念，掌握从特殊到一般的规律。其结构程序为提示→自学教材和案例→调查、分析、讨论→总结。

使用案例分析模式的首要条件是进行教材和实践基地的准备。教材包括理论课本案例集（可以分散发给学生，也可结集成册）和进度表。教师首先要用总课时约 1/5 的时间提示本课的学习目的、作用、研究对象、学科发展、参考书刊等，扼要介绍每单元的主要内容和国内外不同学说。其次，学生按照教师提示自学教材和案例。然后，在自学基础上进行案例分析或到企业、社会调查，用所学理论分析实际案例，全班进行集体讨论，讨论时可以首先确定一组学生（3~5 人）重点发言，其他组派代表发言，教师从中进行协调、点拨。最后，教师总结学习成果，师生共同用实际材料检验原有理论，还可以重新编写案例或对原有理论加以修正。

3. 操作要领

应用本模式可以调动学生学习的主动性、积极性，丰富教学内容，锻炼学生的实际工作能力。但应用不当容易产生偏差，所以应注意如下三点。第一，要有充分的教材准备。理论课本中要有基本理论、基本方法、新观点、新趋势的介绍以及思考题。案例集要有生动、新颖的正反两方面案例，并要不断补充新案例。此外，要有教学进度表提供给学生。教师应恰当安排各环节所用时间。第二，采用本模式要具备一定的图书资料、调查实践基地条件。教师要改变原有考查学生成绩的方法，如改为平时分析报告占 30%，理论考试占 30%，编写案例或质疑原有理论占 40% 的考查方法。第三，防止把实际案例牵强附会地向原有理论靠拢，又要防止没有理论指导地随便分析案例，对案例分析的观点不一定强求一致，但应言之有理，遗留问题可待以后研究。

二、现代高校教学模式的选择

（一）选择高校教学模式的原则

教师选择和创造的教学模式应具有现代性，既要反映现代教学的目标或价值取向，又要体现现代教学原理的要求。

1. 反映现代教学的目标或价值取向

现代教学形成了与过去教学不同的教学目标和价值取向。过去的教学往往从适应考试和升学的需要出发，以让学生掌握系统、牢固的知识为主要的教学目标。在全球化、信息化和市场经济迅猛发展的当下，教学不能满足于这样的目标追求，而要更多地从学生适应未来生活并掌握应对实际生活所需要的各种素质和本领的角度，选择和确立教学目标。因此，促进学生作为生活主体的素质发展，尤其是自主学习意识、创新精神与实践能力的培养，成为现代教学最重要的目标追求。

2. 针对学习过程的复杂性选择教学模式

一定的教学目的、教学任务必须通过激发学生某种学习兴趣的过程才能实现。从认知的角度来看，学习活动的认知复杂性是不同的。低复杂性的认知活动包含的思维模式比较简单，是一种绝对的、非黑即白的思维模式，其会尽量减少矛盾冲突。中等复杂性的认知活动需要学生对几个方面进行综合思考，避免绝对化，不盲目相信权威。高复杂性的认知活动则体现了更多的辩证思维，需要学习者灵活地、多角度地看问题，需要深刻地进行思考，且具有更高程度的抽象性和概括性。如果所要进行的学习活动具有较高的认知复杂性，就需要选择结构较松散的教学模式，即教师及教学程序的控制性较低，允许学生进行更加主动、开放的探索性活动的教学模式，如学导式、问题式等。

3. 针对不同课型选择教学模式

教师在教学过程中要依据不同课型所承担的任务、内容、教学对象的特点、评价要点等而合理选择，灵活运用、组合或创立新的教学模式。教学模式不是孤立的，有时是兼而有之的，正所谓“教必有法，教无定法”，说的就是这个道理。

4. 针对教学资源、教学环境和条件选择教学模式

教学不可能脱离现实情况而独立存在。教学中，只有最适合当前教学情境的教学模式，不存在最好的教学模式。在教学实践中，更需要根据当前的教学情境和教学媒体选用教学模式。因此，从经济性、可操作性、时间、精力等角度综合考虑，选择的最适合的教学模式才是有效的、有意义的教学模式。

（二）选择高校教学模式的方法

教学模式的选择与构建有一定的方法，主要有归纳法、演绎法、移植改造法三种。

1. 归纳法

归纳法是指通过比较同类教学的不同案例在教学过程中的共性，归纳出适合同类教学的教学模式。其中主要有两种情况。

（1）实现同一类发展目标的教学模式。例如，以传递知识为主的教学模式、以培养技能为主的教学模式、以培养情感态度和价值观为主的教学模式等。

（2）适用于同类内容的教学模式。其具体操作首先是选择同类教学的几个成功的案例，对它们进行比较归纳，找出其异同点；然后从中提炼出相对稳定的教学结构程序，形成模式雏形；再将这种模式雏形应用到教学中去验证、修改、完善，形成相对稳定的教学模式；最后在教学实践中灵活运用该教学模式，并不断对其进行完善。

2. 演绎法

演绎法是指以某种教育教学理论为基础，先推演出一种教学模式，然后将其运用到教学实践中证实其有效性，并对其进行修改完善，最后形成教学模式的方法。

3. 移植改造法

移植改造法，即对他人的教学模式进行移植改造的方法，主要是指在把握他人的教学模式精神实质的基础上，吸收、借鉴他人的教学模式，并结合自己的教学工作实际，进行改造和重新设计，以形成自己的教学模式，最后将其运用到教学实践中并进行验证、修改和完善。

（1）解读他人模式。要尽可能地读懂他人的教学模式的基本精神、针对的问题和适用的范围，不要根据自己的兴趣随意变更，甚至曲解。

（2）比较借鉴。要对自己所面临的问题与他人的教学模式所针对的问题的相似性进行比较，从他人的教学模式中找到可以借鉴的内容和解决问题的依据。

（3）移植改造。由于具体情境的差异，移植时应该考虑到自己的特点，并根据这些特点对他人的教学模式作出必要的调整，不能生搬硬套。

第四节 高校教学模式构建的行动策略

一、教学模式构建的行动要点

教学模式是为了达到特定的教学目标而设计的某种教学活动的典范，是设计、组织和调控教学活动的一整套方法论体系。按照布卢姆的观点，教育是帮助学习者按预期方式变化的过程。因此，教育者首先面临两大任务：一是弄清教育过程要使学生发生哪些变化；二是找出帮助学生完成这些变化的方式方法，即选定教学模式。高校教学模式的构建，要帮助大学生完成预期的变化。开放而有弹性的教学模式是促进大学生个性发展的关键因素。

（一）高校教学模式的构建应基于先进的教育教学理念

教育教学理念是指导教育教学行为的思想观念和精神追求。只要有教育教学行为发生，教育教学理念就一定在起作用。科学的教育教学理念是管理者治理学校和教师从业的基本素质要求，是学校发展的基础性保证。先进的教育教学理念包含了对学科教育、素质教育、课堂教学等方面的探讨，对构建教学模式有至关重要的指导作用。一名大学校长的教育教学理念对一所高校的发展前景之所以至关重要，是因为他的教育教学理念影响着整个学校的发展大局；而一名教师的教育教学理念将直接反映在其教学过程中，直接影响其教学质量和效果。因此，无论是校长还是教师都要转变自己陈旧的教育教学思想观念，树立科学的教育教学理念才能构建高效的特色教学模式。总而言之，高校特色教学模式离不开先进的教育教学理念支撑。当前应该注意的是，引进西方教育教学理念的同时不能抛弃我国教育教学理念，只有结合国情、校情、师情和生情，博采众长，取其精华、弃其糟粕，这样的教育教学理念才能构建出高效的教学模式，才能使我国的教育不断向前发展，也为我国教育教学理念本土化发展贡献一份力量。

（二）高校教学模式的构建要实现多维互动

高校教学模式构建应兼顾教学本身的多维性。教学有多个维度，因此，教学模式的构建应多方面考虑，并运用现代教育技术。例如，从教学的三个基本要素——教师、学生和教材来看，教学模式的构建首先要关注教师维度，这样才能发挥教师的主导作用，发挥教学主战场——课堂教学的主导作用，这包括课堂教学的基本原则、方法和任务以及课堂教学组织的检查、布置、督促和讲授等各个环节。其次要考虑以学生为中心的教学维度。教学活动是以学生为中心的，教学模式的构建当然要围绕学生来进行，要充分考虑与学生学习相关的诸多教学维度。要重视寝室、班级、学院等群体效应，使其群体学习生活促进教学发展；要重视学生的校园文化活动，使教学模式的环节与校园文化活动相和谐；应重视基于计算机的网络学习，数字化改变了生活，数字化亦将改变我们的学习方式，由于计算机网络的辅助作用越来越大，有数字化特点的教学模式更符合现代教育发展的潮流。最后要重视教材维度，因为教材是教学的载体与主线，所学知识与生活密切相关，才能使学生学有所成，学以致用，进而提高其社会实践能力。总之，构建高效的教学模式要统筹兼顾教学本身的多维性。

高校应建立多维互动制度和措施。完善的、与教学模式相匹配的教学制度和措施是实现教学多维互动的基本保障，只有这样才能充分发挥教学诸要素的作用，实现多维互动。要重视运用教材所学内容，使课堂内外所学形成互动；在通过确立学习目标和学习内容等实现学习者自主学习的基础上，确立小组学习内容和目标，使小组成员人人尽责、积极互动，并提高人际技能和小组技能进而形成小组自治。总之，多维互动也是多维互补，更是多维协作，可以促进教学模式各个环节的互动，这一切都要靠建立互动的制度和措施。

（三）高校教学模式的构建应兼顾微观教学与宏观教学管理

教学是宏观与微观一体的过程。所谓微观，是指教师的个体教学过程可以从细处着手，然后归于细处，可以是一个单一的教学举动，要周密细致，要从小处着手，从点滴做起；所谓宏观，是指教学要有长远的规划和目标，所以要有统一的组织与策划，更要有大局观。教学需建立长效机制，从而有面向世界的大局观，长远安排就是为了面向未来，要运用现代化技术培养现代化人才，就要做到面向现代化。因此，高校教学模式的构建就要把握宏观教学大局，从微观教学入手。只有这样才能实现教学模式的教、学、管多维互动一体化。我国高校应根据其自身办学条件、层次、类型和资源，因时、因地、因人构建有自身特色的教学模式。21 世纪的竞争依然是人才的竞争，高校教学模式的构建无疑会大大提高教学质量并最终培育出符合时代需求的新时期复合型人才。

二、教学模式构建的行动策略

（一）彰显模式构建的关怀意蕴

关怀伦理是伦理学基本立场之一，关怀被视为人的本性和人的生存方式，正如内尔·诺丁斯认为的那样：“我们都沉浸在关怀中，关怀是人类的一种存在形式。我们每时每刻都生活在关心之中，它是生命最真实的存在。”“沉浸在关怀中”的模式构建所彰显的意蕴体现如下。

在目的上，以促进人的发展为出发点和落脚点。促进所有学生的发展是教育改革的一条根本的价值准绳，也是教育改革的道德正当性的来源。关怀伦理视域的学生发展不仅是所有学生的发展，还应是全面发展而不是部分发展，是自由发展而不是控制发展。课堂教学中，师生的知识与能力、情感与信念、行为方式与文化操守共生共长，在学生获得发展的过程中，教师的生命成长与专业成熟度相互融入，实现持续的自我超越，追求着自身生活的幸福。为促进所有学生全面、自由地发展，教学模式的运用对不同天赋、文化背景、生活经验、认知水平、学习风格类型的学生应当是公正的，应为所有学生找到合适的学习方式，实现教学起点、过程和结果的公平。

在方法上，模式构建一方面要避免伦理风险，尽量减小负面影响和消极后果，另一方面又要以改进教学实践为目的。国内外的教学模式构建主要有两种方法，即演绎法和归纳法。演绎法强调理论对模式构建的指导意义，但理论本身不能直接成为教学模式，用该方法演绎而成的模式只是一种教学构想，即教学活动还没有发生就做出了事先预想，忽视教学实践复杂的情境性、生成性因素以及怎样利用这些因素，难以实现改进课堂教学实践的初衷。基于演绎法的局限性和归纳法对实践的青睐，我们可以确立回归当下课堂教学实践这一教学模式研究的基本立场和根本方法。从教育实践改进的方式来看，基于教育理念创新的原创性教育实践改进和基于教育典型实践示范的学习性教育实践改进是两种最为常见的方式，其中“教育典型实践”是指成功的、新颖的、具有示范效应的教育实践，“典型”可理解为因拥有鲜明的个体性而具有被广泛承认有代表能力的基础，因有普遍性而具有代表其他事物的合理基础。

（二）确立教学模式构建的发展方向

实践理性不仅在特定时期、特定实践环境中获得了现实的、独特的时代内涵，还通过价值判断、价值辩护和价值规范对未来实践进行了观念预设，引领着教育实践朝着至善的理想方向发展。在教学模式构建过程中，应以历史的、发展的观点看问题，摒弃“突变论”逻辑，走“渐进式”道路，在对传统的继承、改造与发展的过程中保持“绵延与永恒”的历史品性。新时期我国教育改革与发展的基本工作方针，体现了要以学生为主体，以教师为主导，充分发挥学生的主动性，把促进学生健康成长作为学校一切工作的出发点和落脚点，关心每个学生，促进每个学生主动、生动活泼地发展，尊重教育规律和学生身心发展规律，为每个学生提供适合的教育的“育人为本”内涵。教育政策的演变不仅体现了教育实践的历史品性，也凸显了学生在教学过程中的主体地位和能动作用。在当下和今后一段时期，学生的主体地位、能动作用和自主学习方式应成为教学模式构建的关注重点。

（三）坚持工具理性和价值理性的统一

实践哲学不但主张消除理论与实践的对立，而且在实践理性层面追求工具理性和价值理性的统一。作为一种技术性手段，工具理性是以工具、技术、手段、方法等中介系统为物质载体，通过思维活动而形成有关“如何做”的工具系统。价值理性是以如何使存在合乎人的理想及人的合理需要为关切点，它依循向善原则，以实践活动是否符合实践主体的理想和需要作为价值判断的标准。一个社会的健全必须建立在工具理性与价值理性的统一之上，或者说，工具理性应当从属于价值理性，在价值理性所提供的目标和前提下发挥作用，才是积极的。因工具理性作为一种技术手段或工具，是模式的构建过程中不可或缺的，让教师借助于教学方法、手段、技术等中介系统搭起了从理念到实践的桥梁，让价值理性在实践过程中具有可操作性。教学模式的构建可以形成一定的教学规范，确保课堂教学进程的顺利进行，以达到所追求的教学目标。但是，工具理性只能作为达到教学目标的必要条件而非充分条件，如果对工具理性过度依赖，则容易导致教学的技术化倾向，从而忽视教学的内在价值和精神实质。价值理性就是要追问模式构建的目的以及价值和理想，要解决的是价值层面上前提性和方向性的根本问题。

因此，教学模式构建内在的价值诉求包含着工具理性与价值理性的融合统一，片面强调工具理性或者价值理性都会导致教学的异化。实践理性遵循的善是客观的、具体的，正如实践理性设定“善”这个普遍规定不仅是内在的东西，而且实践理性之所以成为真正的实践理性，是由于它首先要求真正的实践上的“善”必须在世界中有其实际存在，有其外在的客观性。换言之，它要求思想不仅必须是主观的，还必须有普遍的客观性。要达到“至善”的理想，需要通过实践理性做出善的选择与决定，并将善的理想目标在具体的实践活动中落实和实现。实践理性对善的引领与规范通过伦理精神发挥作用，因为，在一切领域中，伦理精神总是作为体现人类活动的价值目的性和行为合理性的人文精神的结构，但伦理精神在教育领域中，却有比在其他领域更为重要的人文意义。可以说，伦理精神是教育的人文精神的核心。教育活动有其特有的伦理精神和基本伦理前提，它为模式构建规定了基本的价值方向。伦理精神是对各种伦理规范的概括、提炼与升华，因此，从教育领域伦理规范中统摄与归并出公平、效率、人道的伦理精神，以此作为模式构建普遍性和绝对性的伦理原则与道德规范。由于伦理精神既涉及行为的规范，又涉及行为的价值与目的，所以它引领着教学实践活动不断向着合理、完善的方向发展。因此，工具理性和价值理性统一的教学模式构建，一方面要求秉持公平、效率、人道的伦理精神，以引领教学实践活动的方向；另一方面要求遵循技术、手段、方法的有效原则，使实践活动有效展开，即行动和实践过程本身合乎社会规范，体现合理需要，依乎存在法则，既基于事（实然），也依乎理（必然）。

（四）立足人的生活世界

教学模式构建强调让教学回归生活世界，因为生活世界是教学的依据、背景和来源。生活世界是一个整体，对生活世界的整体关照是实践理性的一个重要特点。实践理性的整体性视野把人的生活实践看成一个相互关联而不可分割的完整部分，通过对人的整体生活的关照，以达到促进人的整体性发展的目的。对于学生的发展而言，除了知识与能力的获得，精神生命的成长是其整体性发展的重要部分，学生对生活世界的体验的过程就成为其精神发展的过程。对于教师而言，立足生活世界的教学不仅实现了对学生生命完整性的关注，还能在置身无尽解释意义的生活世界中获得关于教学的意义性理解，从而在此过程中获得专业成长，享受职业的幸福与快乐。生活世界的整体性要求教学模式的构建应学会系统思考，以达到整体实践的最优目标。第一，提倡模式构建的多元性。一方面，对所构建的某一具体教学模式，提倡实施多元策略，例如，在方法论上强调教学联系生活经验和社会实际，强调建立在认识基础上的理解、体验、感悟、交往和实践等学习方式，在教学过程中强调“情景”和“情境”的作用，注重过程的价值，让教学过程不再是以知识和技能的拥有为标志的追求效率的理智化过程，而是保持理智的教学之于生活世界的张力。另一方面，学生的文化背景、生活经验、认知水平、学习风格类型各异。而所构建的每一个具体模式都基于特定的目标，需要相应的教学方式和学习方式与之相匹配，这就需要改变过去教学模式的单一性价值取向，把教师、学生、内容、策略、技术等教学构成要素放置到一个多元、立体的教学系统中，建立多层次、多角度、全方位的教学生态新模式，激活教学过程中的每一个环节。第二，强调教学模式构建的系统性。教育事件总是相互关联和相互牵制的，教学模式构建是一个牵一发而动全身的系统工程。所以，高校应以教学模式构建为旗帜，整合资源配置、管理举措、教师发展等系统要素，统领物质层面、精神层面、制度层面和行为层面的文化内容，以引领学校文化的发展方向，实现教学模式的整体性、系统性构建。

（五）建立模式构建共同体

哈贝马斯认为，世界本身就是交互主体的世界，是交互主体和交往理性所建构的世界，这就意味着立足生活世界的教学实践是对话和开放的。在对话和开放的教学实践场域中，利益相关者以“交互主体”和“交往理性”为纽带联结而成为共同体，这种共同体是有能力回应广泛的成员需要，解决他们在日常生活中遇到的问题和困难的共同体。所以，以教学模式构建所联结的共同体是特征鲜明的实践共同体。

教育行政人员、教育科研人员和学校教师是教学模式构建共同体中最为主要和直接的成员。教育行政人员作为主体之一介入教学模式构建研究，可以为教育决策提供生动、直观、丰实的依据材料，从而用形成的政策为模式构建保驾护航。教育科研人员有理论积淀的优势，倡导理论的介入不仅因为复杂的教学实践需要理论对其进行解释与指导，也是为了提升教育理论的学术品质。同时，对于避免误入在凸显实践理性时弱化理论理性的“二元论思维”怪圈具有重要意义。有县级以上教育科研部门是我国教育机构的设置特点，教育行政部门、教育科研部门和学校三方合作研究构建教学模式并进行整体推进被视为教学模式构建的有效路径，通过模式构建以提升教学实践合理性这一愿景的共享性是三方相对独立和相互制约以及交互对话的价值基础，各主体围绕共同愿景，组成功能独立、交互对话的价值统一体。在共同体中，教育行政部门进行政策引领，教育科研部门进行专业扶持，学校教师进行行动研究，各方充分利用自身的优势，共同为教学模式构建提供稳定的价值排序和实践合理性，在教学实践的改进中保持着整体和持续的活力。

第二章　高校教学方法相关概念

第一节　高校教学方法的定义及特征

一、教学方法概述

（一）教学方法的定义

教学方法是指具体的教学过程适用的方法。教学方法从属于教学方法论，是教学方法论的一个层面。教学方法论由教学方法的指导思想、基本方法、具体方法、教学方式四个层面组成。教学方法包括教师教的方法（教授法）和学生学的方法（学习方法）两大方面，是教授方法与学习方法的统一。教授法必须依据学习法，否则便会因缺乏针对性和可行性而不能有效地达到预期的目的。但由于教师在教学过程中处于主导地位，所以在教法与学法中，教法处于主导地位。

教学方法不同于教学方式，但与教学方式有着密切的联系。一方面，教学方式是构成教学方法的细节，是运用各种教学方法的技术。任何一种教学方法都由一系列的教学方式组成，可以分解为多种教学方式。另一方面，教学方法是一连串有目的的活动，能独立完成某项教学任务，而教学方式只被运用于教学方法中，并为促成教学方法所要完成的教学任务服务，其本身不能独自完成一项教学任务。

与教学方法密切相关的概念还有教学模式和教学手段。教学模式是指在一定教学思想指导下建立起来的为完成某一教学课题而运用的比较稳定的教学方法的程序及策略体系，它由若干个有固定程序的教学方法组成。每种教学模式都有自己的指导思想，具有独特的功能。它们对教学方法的运用，对教学实践的进行有很大影响。现代教学中最有代表性的教学模式是“传授—接受”模式和“问题—发现”模式。

教学方法的内涵有广义和狭义之分。广义的教学方法是指在教学过程中，教师和学生为了实现共同的教学目标，完成共同的教学任务，在教学过程中所采取的方式与手段的总称，包括教学形式的组织、教材内容的编写方式等。狭义的教学方法则是指在教学活动中，教师如何对学生施加影响，怎样把科学文化知识传授给学生并培养学生能力、发展学生智力，形成一定道德品质和素养的具体的手段。

（二）教学方法的意义

教学方法对完成教学任务、实现教学目的具有重大意义。当确定了教学目的，并有了相应的教学内容之后，就必须有富有成效的教学方法。教学的成败在很大程度上取决于教师是否能妥善地选择教学方法。教学方法对学生学习技能和技巧，特别是学习实际应用知识的技能起着重要的作用。

“工欲善其事，必先利其器”，其中，“器”指的就是方法和工具。方法问题是人类在认识世界和改造世界的实践活动中产生的特有范畴。只有交给学生开启知识大门的钥匙，并让学生掌握使用钥匙的方法，才能使学生悠然地走进知识的大门，遨游于知识的海洋。在教学过程中，教学内容相对来说是比较稳定的，而教学方法则因内容及施教者的不同而具有多种可能性，是教学过程中真正活的因素，是提高教育质量的关键所在。在教育发展过程中，一种新理论的提出，一个新成果的取得，无不与教学方法的改革与创新密切相关。任何教学内容都是通过一定的教学方法完成传授的，教学方法是实现教学目标的手段，是提高教学质量的内在资源，它直接关系到人才的培养。

所以，用什么样的教学方法教学生，对于把学生培养成为什么样的人具有重要作用。教师的教法制约着学生的学法，同时对学生智力的发展、人格的形成有重要作用。教师的教学，不给学生以独立思考与独立活动的机会，学生就会缺乏主动性、独立性和创造性，就很难培养出一批勇于思考、勇于探索、勇于创新的人才。只有采用良好的教学方法，才能有良好的课堂气氛，有了良好的课堂气氛，才能使学生在认识活动中产生愉快感，才能激起和发展学生的智力。教学方法不好，学生的学习方法和思想方法就灵活不了，智力就发达不了。可见，是否采用科学的教学方法，关系到学生能否成为具有聪明才智、科学头脑的合格人才。

（三）教学方法的特点

教学方法的基本内容包括以下三点。第一，学生认识活动的程序。其中包括学生掌握知识、技能、技巧的一定的逻辑途径；学生认识活动的一定类型和水平（复现、启发、探索、研究等）；学生与教师之间交往和交流信息的一定方式（口述、直观、实际操作等）。第二，组织控制学生认识活动的一定方式（直接或间接的组织控制或自我控制）。第三，刺激和形成学生学习认识活动动机的一定方式。第四，检查或自我检查效率的方式。

教学方法具有不同的层次，一类是哲学层面的一般共性的教学方法，它具有普遍的应用和指导价值；另一类是大学科层面的指导性教学方法，如医学教学方法、工科教学方法，还有高等学校教学方法、中学教学法、小学教学法等；还有一类是具体层次的针对某一学科（甚至某一学科的某一单元）的教学方法。具体来说，教学方法的主要特点有以下几点。

1.教学方法具有多样性

在教学理论著作中，对教学方法，一般只论述几种至十几种常用的教学方法。然而在教学实践中所使用的教学方法，却不止几十种、几百种，没有一个固定的数量。教学方法是一个多维度、多层次、复杂的结构体系，教学方法的多样性为我们学习、研究、优选教学方法提供了丰富的材料和广阔的空间。

教学方法之所以具有多样性，是因为制约教学活动的因素是多方面的。它受不同的教学目的、教学内容、教学对象、教学条件等诸多因素的制约，而这些制约因素的不同的、有机的组合，就构成了多样化的教学方法。

教师在研究和选用具体的教学方法时，既要注意它与其他方法的共性，也要注意它的个性，根据自己教学的实际情况和特点，创造性地选用和发展多种教学方法。每一位教师都应力求学习和掌握更多的教学方法，应是“韩信点兵，多多益善”。这不是说一堂课里使用的教学方法越多越好，而是为自己创造性地优选、组合教学方法奠定坚实的基础。

2.教学方法具有综合性

在实际教学活动中，往往需要多种教学方法的综合应用，发挥多种教学方法的综合效应。

教学方法之所以具有综合性，其原因主要有两个方面：其一，一堂课所要传授的内容往往是多种性质的，因而需要选用不同的教学方法，或是一法为主，多法配合。其二，各种教学方法都有利有弊，有其适用的具体条件。正像没有包医百病的万灵药一样，十全十美、放之四海而皆准的教学方法是不存在的，教师的教学水平高的一个重要表现就在于善于优选组合，对多种教学方法取长补短，使其相辅相成，发挥整体优势。

3. 教学方法具有发展性

教育随着经济与社会的发展而发展，教学过程诸要素随之发展变化，教学方法也就要随之发展变化。古往今来，从盲目尝试、模仿、父传子承、师传徒承，到经院式教学、班级授课；直到现代化的教学手段和方式，从低级到高级，从低效到高效，教学方法处在不断发展变化之中。要以动态的、发展变化的观点看教育，看教学，看教学方法。万古不变、一劳永逸地解决一切问题的教学方法是不存在的。今后，随着科学技术和教育事业的发展，教学内容要逐渐更新，师生的水平要逐渐提高，教学手段要逐渐现代化，其他教学条件也会逐渐改善，特别是时代的发展对人才培养的要求会越来越高，要求学生的能力得到充分发展，离校后能独立接收和处理新信息。这些对教学方法的改革与发展不但提出了更高的要求，而且为教学创造了更好的条件。只靠那种教师讲学生听、教师写学生记、教师演学生看的教学方法，是根本不能适应新的需要的，必须探索新的启发式、发现式等教学方法，并更加注意多种教学方法的综合运用。

此外，科学技术的发展，使心理学、生理学以及系统论、信息论、控制论等现代科学理论的研究取得了重大突破。教学方法的改革与发展也应运用各种科学技术的研究成果，使教学方法更加科学化、系统化。

4. 教学方法具有可补偿性

在实际教学中，并不是面对某一课程或某一教学内容，必须使用同一种特定的教学方法。同样的教学内容，某位教师用这一种教学方法，而另一位教师用另一种教学方法，都可以取得良好的教学效果。一种教学方法可以用另一种教学方法去代替、去补偿，这就是教学方法的可补偿性。

“教学有法，但无定法，贵在得法”已越来越成为教育界的共识。因此，教学方法不能绝对化，不可对不同的教师做千篇一律的要求。只要教师的教学方法具有科学性，能取得良好的教学效果，就应允许教师在教学实践中使用。教师的工作具有个别化特点，每位教师各有所长，应当鼓励教师探索适应自己特点、发挥自己特长的教学方法，形成自己的教学风格。

5.教学方法具有艺术性

教学方法是一门培养人才的复杂艺术。教室、实验实、实习室、校内外实习基地工作或生产现场等一切开展教学活动的场所，都是教师施展艺术才华的舞台，每一位干练的教师都是一位艺术家。

教师运用教学方法的水平是一种艺术水平。它主要表现在以下几个方面：有深厚的理论水平和美学、艺术修养；掌握很多种教学方法，具有丰富的教学经验；善于根据教学活动诸因素的变化，机动灵活地优选适宜的教学方法，应用自如；能艺术性地对教学方法进行再加工、再创造，匠心独运；善于激发学生的主动性，在传授知识的同时发展智力，培养能力，教书育人；能使自己和学生以最少的消耗（精力、体力、时间、物质等的消耗）取得最佳的教学效果。

二、高校教学方法的界定及特征

（一）高校教学方法的界定

尽管学者们对高校教学方法没有统一的界定，但这些关于高校教学方法的论述有利于探索和把握高校教学方法的本质。由于其教育对象是高校学生，所以其不同于一般教学方法的个性表现为两点。一是教学主体地位的变化。高校教学过程中由于高校学生具有较之于中小学生更强的自控力和自主能力，教师教的成分逐渐减少，学生学的比重增多。二是教师和学生角色的变化。

由于高等学校的培养目标是培养社会所需要的人才，关注的是培养学生的能力，所以在此过程中，教学方法的运用将区别于中小学的传授知识的方法，重点在于启发和引导。

（二）高校教学方法的特征

教学方法是为了达到教学目的，师生进行有序活动的方式的总和。随着知识经济的出现，现代教学技术手段的广泛运用，我国和世界各国在教学方法改革实践中涌现出一些影响比较大、代表当今教学方法改革水平和趋势，且取得一定成效的教学方法。这些方法不同于传统的教学方法，在理论依据、指导思想、实施步骤、运用手段、采取技术、适用范围等方面都有不同的特点。这些方法尽管形式各异，特点不同，效果有别，但透过各种教学方法的表现形态，仍然可以找到一些共同的特征。对这些代表不同国度教学发展水平的方法进行比较科学的分析，将有利于我们对这些方法的理解、掌握和运用，有利于我们比较准确地把握现代教学方法的本质属性，从而有利于进一步深化教学改革，提高教学质量。

高校教学方法相较于普通教学方法主要有两个方面的特点：一是专业教育的特点，二是高校学生身心发展状况的特点。

1.高校教学方法具有鲜明的学科特点

高校的学生所要掌握的是当代社会各行各业所需要的、专门的科学文化知识和能力。相对应地，高校的教学处在社会发展和科学发展最前沿，是在科学发展的过程中不断进行探索的。因此，高校教学方法一方面具有很强的专业性、针对性，另一方面具有探索性。

高校教学方法具有鲜明的学科特点，具体表现在学科的研究方法上，如科学的思维方法、理工科的实验法、结合学科特点和课题任务进行科学训练的方法等。高校学生具有一定的知识基础和智力水平，随着教学内容的不断深化，高校教学方法受学科研究方法的影响和渗透也日益增强。

2.高校教学方法具有研究方法的性质

高等学校的教学方法是一种特殊的认知方法，具有科学方法的性质。高等学校的教学过程是一种特殊的认知过程，既不等同于科研过程，也不是单纯的学习过程，而是教师指导下的以学生为主、学习和发现逐步结合的过程。与这一认知过程相适应，无论是实现学习任务，还是实现学习与发现的结合，促进学习向发现转化，都离不开科学方法。

高校学生在生理、心理上已渐渐成熟，他们的学习过程不再是简单的吸取知识和形成一般的能力，而是要深入科学发展过程中，掌握科学的研究方法和构成思想基础的方法，这要求高校的教学方法更应该接近研究方法。同时，高校教学的主要任务是传递和掌握人类先进知识和技术，这些先进知识和技术就是科学研究方法的成果，没有科学研究方法和手段的突破，取得科学研究成果是不可能的。因此，高校教学方法必然要受到科研成果和获得成果的科学方法的制约。科学方法的新突破为高校教学方法的改革开辟了道路。可以说，高校教学方法具有科学研究方法的性质。

3. 高校教学方法的本质在于师生联系方式与科研方法的统一

在高等学校，对大学生进行初步的科研训练，使教学与科研相统一，能促进高校教学质量的提高。

了解高校教学方法的特殊性及其特征，有助于深化高校教师对教学方法的理解，有利于高校教师提高科研能力，以教学推动科研、以科研促进教学，真正地做到教学科研相统一。同时，对高校教学方法特殊性及其特征的认识也是进行高校教学方法创新的一个重要环节。

当今世界是一个创新的时代，对创新型人才的需求对大学生提出了学会学习、在研究中学习的要求。高等教育的主要责任就是育人，引导学生进行科学的探究、培养科学的思维以及参加培养探究能力的实践活动，因此，高校更要讲究教学方法，尤其是教师教的方法，学生在教师指导下的学习方法。笔者认为，高等学校教学方法是高校教师在一定教学思想的指导下，引导和帮助学生如何科学地认识知识成果和学科前沿知识以及如何进行科学思维和探究的方法。

每种教学形式或方法都有其自身的优点和作用。譬如，课堂讲授传递知识的效率高并有利于发展学生的抽象思维，实践教学使学生获得感性知识并有利于发展形象思维，科研训练使学生形成操作能力并有利于发展创造思维，自学指导则可以培养学生的自学能力并有利于发展独立思维等，但它们也都有自己固有的局限性。因此，为了完成教学的全部任务，教师就应当针对教学的目的、任务、对象和内容的性质，灵活地选择效果最好的教学方法，只有把各种教学方法配合起来使用并使之成为一个系统，才可能在教学和大学生的学习方面取得最优效果。因为任何单一的教学方法都只能部分地解决教育问题，部分地完成教学任务。若要最大限度地增强和发展大学生的认知能力，完成大学生全面发展的教学任务，就必须运用不同的教学方法。因为所有教学方法都是依靠与其他方法的互补来实现教学目的的，因此，教师应用完整的观点来对待教学方法的问题。教师在某个时候采用某种方法，只不过是在这一阶段，该方法在解决某一教学问题时有更好的效果。此外，方法的效果不只依赖于方法本身，因为教学方法只有被教师掌握了，才能产生良好的效果，才能称之为好的方法。所以，教师是否采用了正确的教学方法及其是否掌握了这一教学方法，在很大程度上决定了教学的效果。

（三）高校常用教学方法的特点

目前国内高校常用的教学方法有讲授法、讨论法、案例法、实验法、课题研究法、指导启发法等。各种教学方法都有其自身的特点。

1. 讲授法

教师主要以口头讲解的方法，将教材内容系统、富有逻辑地传达给学生，很好地阐述事实、描绘情景、解释概念、论证原理，以便于学生理解。这样的授课方式能够将教师对教材的理解较为全面地灌输给学生，但是忽视了学生的主动性，与学生的互动比较少。如果填鸭式或者满堂灌的教学教授的内容太多，学生就会难以消化。

2. 讨论法

教师提出某个问题或观点，由全班同学或者分成小组讨论，再由教师和学生进行总结。这样的教学方法能够更好地调动学生的积极性，活跃课堂气氛，加深学生对知识的理解，提高学生的表达和总结能力。但是这样的集体讨论需要避免被意见领袖主导，避免少数非常有个性的想法被嘲笑。

3. 案例法

教师以具体典型的案例为基础，联系教材内容，启发学生更好地理解和掌握相关知识点。这种教学方法能够吸引学生的注意力，强化知识理解和记忆能力，但是对教师选择案例的代表性和突出性要求比较高，教师需要提前收集各种资料；同时，学生的参与度也不够高。

4. 实验法

教师将教材的内容通过实验让学生自己动手操作，真正做到吃透教材，知其然且知其所以然。这样的教学方法能够使学生巩固理论知识，锻炼动手能力，培养协作能力和认真细致的工作作风，但需要学校加大对教学设施的投入，加强对实验室的建设，这相应地增加了教学成本。

5. 课题研究法

教师围绕课程内容中的难点、重点，组织学生通过理论学习、课题研究、持续跟进等进行研究活动。这样的教学方法有利于提高教师和学生的专业理论水平，提高学生的研究和创新能力。

6.指导启发法

教师充分调动学生的积极性，实现教师的主导性和学生的积极性相结合，激发学生的内在学习兴趣和动力，重视使学生的理论知识与实践相结合。这样的教学方法可以真正做到授之以渔，启发学生掌握更多的学习方法，由被动学习到主动学习。掌握科学的学习方法，并做到迁移学习方法，从而以更好地适应未来的工作。

第二节　现代高校教学方法改革

一、高校教学方法改革的思路

就教学方法改革的基本路径而言，高校需要着力改进新的创新方法，科学性和新奇性是两个基本判断依据。只有不断深入学习、深刻理解创新方法，寻根溯源找到创新原点，积极开展创新实践，敢于并善于打破头脑中的常规思维模式，才可能有效地掌握创新方法，取得创新成果，才能达到预期的效果。高等学校教学活动是典型的深度合作活动，要建设高等学校教学方法创新文化，就要注重培养学生的探究和创新能力，按教学传播实际需要对知识再加工，重构高等学校教学管理文化，以发挥教学方法的创新作用。

教学方法改革是一个系统工程，它影响着学生知识的获得及合理的智能结构的形成，对学生思维方式的培养起着至关重要的作用。教学理念、方式和主体是教学方法改革的重点。创新型人才的培养需要从教学理念、方式和主体上进行根本的转变。

（一）实现教学理念的革新

教学方法的选择是由教学理念决定的，教学理念影响到现代高校教学改革工作的质量以及改革进度。那么，高校的教育改革只有将现代化教学理念作为支撑点，才能推进高校教育事业的改革与创新，引导更多的教育工作者参与到高校教育改革创新工作中，从而深化高校现代化教育教学手段的创新。高校的工作人员应对现代化教学理念给予足够的重视，并将其体现在教育教学工作流程中。首先，高校教师必须树立起现代化教学理念，准确有效地认知信息技术，将其落实在高校教育教学改革创新工作中，以此来提升高校的教育教学整体质量，并且在这种意识的引导下有意识地应用大数据教学技术对学生实施具体的教学，提升信息技术在高校当中的有效应用率。其次，高校教师必须树立“以教学为中心”“质量是生命”的教学思想。教师要深入了解学生的心智特征，致力于培养学生的主体意识和独立意识，要通过加强师生双向互动和交流沟通，来建立民主和谐的师生关系，要树立培养学生全面发展并拥有健全人格和过硬专业素质的核心理念，使学生具有创造力和批判精神，能在激烈的社会竞争中立于不败之地。

（二）教学方法的改革要强调科学性

高等学校的教学总是与某些学科领域相联系。教师从这些学科领域中分析科学知识间的内在联系，并确定相应的认识方法。这就要求高校的教学方法不应只是经验的堆砌，而应有更高层次的科学依据，包括高等教育科学及大学生心理科学基础，辩证唯物论、认识论、方法论以及形式逻辑与辩证逻辑，现代系统论、信息论、控制论的基本原理等。高等学校的教学，要注意世界观和方法论的统一，要突破一般的思维形式，向更高级、更深刻、更复杂的辩证思维转化。

任何一种教学都离不开语言媒介。科学语言在高等学校的课堂上，更有它独特的地位。例如，“水”这个词一般不会使人从化学的观点看待它，然而“H_2O”这一化学分子式却使人完全产生了另一种想象。用公式、符号或其他相关形式精湛地表达内容与概念，是科学语言特有的功能。重视应用和发展科学语言教育，对实现高校教学方法改革的科学性要求关系重大。教学方法科学性的要求，还取决于教师的多方面的才能和品质。一个理想的大学教师，应该是学者加教育家。当然，要求一个教师对人类社会科学、自然科学、思维科学样样精通，是不现实的。但是，教师应该成为本门学科的学者，这是体现教学方法科学性的必要前提。在大学教学中，教师不仅要教给学生真理，更重要的是指导学生去发现真理。因此，大学尤其要强调教学方法的科学性。

（三）教学方法改革要注意针对性

教学方法改革，除强调科学性和提倡启发性以外，还必须注意针对性，做到切合时宜，切中时弊。

所谓切合时宜，就是针对时代的变化，使教学方法改革适应时代的要求。如面对当今知识海洋的浪潮迅猛上涨的形势，高校必须通过改革教学方法，以简驭繁，解决教学内容多与教学时间少的矛盾，同时要不失时机地发展电化教学，吸收当代各种教学论流派对教学有用的新鲜论点，走自己的改革之路。

所谓切中时弊，就是要针对当前教学上的主要弊端，采取相应措施，除弊兴利，增强改革效果。现代的社会要求教育为其提供具有创新思想的人才，提供勇于打破常规，在科学、技术、经济、管理方面探索新道路、新方法的人才。教育系统应该成为“生产”具有独特思想的聪明人的“工厂”。那么，怎样有针对性地进行教学方法改革，使其适应新时代的发展，培养具有创新思想的人才呢?

首先，要选好教学方法改革的突破口。如今，课堂教学仍是高校的基本教学形式，一所大学的教学质量如何，主要取决于课堂教学的学术水平和教学效果。然而传统的课堂教学教师包办多，学生主动少；教师灌输多，学生思考少；单一讲授多，学生自学少。教学方法改革的突破口应从改变这一状况入手，把讲授与指导学生自学、讨论、研究、实践等活动有机地结合起来，使课堂不只成为教师的讲堂，还成为学生获取知识、发展智能的学堂。

其次，要抓住重点，着重培养学生的创造能力。创造力是具有独特思想的聪明人的主要标志。大学生在校学习的结果，倘若什么也不会创造，那么他的一生将有可能永远停留在模仿上；如果学校所培养的人才不能学会创造，那么社会的发展和人类的进步将是不可想象的。因此，大学教学方法改革应围绕发展学生创新能力进行，这就要重视对学生自学能力的培养，改变把学生置于教师羽翼之下的保姆式教学方法，激发学生主动进取，加强实践环节，实行因材施教，从低年级起就要鼓励学生做综述、写小论文，诱发学生直觉思维，实现教学、科研早期结合等。

最后，只有从根本上认识高等学校的教学过程及教学方法的特点，才能摆脱传统教学方法的桎梏。如果说中小学的培养目标是为高一级学校输送合格新生，或为社会提供必要的劳动后备军的话，那么高等学校则是为社会造就具有创新思想和独立工作能力的专门人才。因此，高等学校的教学过程应该是一个把学生转化为独立工作者的过程。而这一过程随着教学时间的推移、学生年级的升高，教的因素逐渐减弱，学的因素逐渐上升，学生独立研究的成分逐渐加大。这就是人们通常说的“教是为了不教”。随着这一过程的转化，反映在教学方法上的特点：教的职能必然由传授、灌输变成了对自学、研究的指导；而学的职能也相应地由接受、复现变成了理解、探求。这样才能从根本上变革传统的教学方法，实现教师教学由教授法向指导法转化；学生学习由复现式向探求式转化。

教学方法改革亦是教学改革中的一部分。要使教学方法改革卓有成效，真正做到切合时宜、切中时弊，还必须从教学体制、内容、形式、环节以至考试方法等各个方面来进行综合治理。从整体上研究高校的教学改革，并对各部分的结构、作用以及相互之间的关系作科学的探讨和客观的调整，使教学方法改革在全局上发挥更大的效益。

（四）坚持智力因素与非智力因素并重

在教学活动中，智力因素和非智力因素在传授和学习知识经验的过程中是相互统一的，但两者在教学过程中所发挥的作用以及各自的发展并非自发地齐头并进的。任其自然，往往会使它们其中的某一方面变得更加成熟，而另一方面则处于发展的落后状态。两者的真正统一需要在教学过程中作出专门的努力，强调智力因素和非智力因素的结合，注重学生学习的情绪体验。这突出体现在以下两个方面：第一，注重建立民主和谐的师生人际关系，以形成亲切、民主、融洽、和谐的教学气氛，使学生精神振奋地、生气勃勃地、活泼愉快地参与到教学之中；第二，注重激发学生的学习感情和学习兴趣，用情感活动（而不是认知活动）统领整个教学过程，在教学中强调兴趣和熏陶，营造愉快的学习氛围。此外，还包括科学文化基础的形成与品德培养并重、接受学习与探究学习并重、理论学习与实践活动并重、课内与课外并重等。较之于以往的教学改革，当前的教学方法改革将会以一种更切合实际的、辩证的眼光来考察教学过程的一系列相关要素，这也是以促进学生主体较全面的发展为目标的素质教育所迫切要求的。

二、教学方法改革创新的途径

（一）改善教学方法各要素的关系

教学方法的功能取决于其内部结构。因此，改革教学方法的途径就应当从改善教学方法的内部结构着手，一是优化每一种结构要素，二是改善各要素间的关系。

优化教学方法的结构要素是教学方法改革的奠基工程。教学方法的结构要素是构成教学方法的元素或元件。没有优良的元素或元件，就难以构成优良的教学方法。从当前教师运用教学方法的实践来看，许多方面的问题都与这些构成要素的质量有关。这里面有理论问题，也有实际问题。在理论方面，教学法原理的研究、教学手段和教学技能的理论研究，还不能适应教学方法实践发展的需要，其中有的还是大片空白，有的虽取得了一定成果，但还未通过宣传普及为广大教师所掌握。在实践方面，一些教师的教学技能修养还未达到过关的要求，教学物质手段很不完善，难以满足教学的要求。受这种主客观条件的制约，先进的教学方法无法在广大教师中普及和推广。因此，加强教学法理论的研究和普及工作，加强教师的教学技能训练，积极研究适合高校需要的教学物质手段并用来武装高校，既是当前教学方法改革迫切需要解决的问题，又是事关今后教学方法健康发展的奠基工程。

改善教学方法各要素之间的关系主要应从两个方面努力。一是建立各要素之间的和谐关系，提高各种教学方法的整体功能。按照系统论的结构原理，系统的功能等于各个要素的功能之和再加上由它们之间的关系形成的连接功能。这一目标的实现，既靠制订科学的教学操作工艺，又靠提高教师运用教学方法的水平。二是探索各要素之间的新的连接方式。教学方法各要素的不同特点及不同组合，形成了各种不同的教学方法。探索各要素之间的新的连接方式实质上就是创造新的教学方法。特别是当前现代化教学手段应用日益广泛的情况下，教学法原理、教学技能等如何与之相适应或者说如何处理好它们之间的关系，已成为一个重要课题。这一课题的前景是十分广阔的。

教学方法改革是一个十分复杂的问题。其中既有理论问题，也有实践问题。但是，对教学方法的体系和结构有一个比较合乎实际的具体认识，对改进高校教学方法的教学与训练、高校教学方法改革的实践还是有所启示和裨益的。

（二）教师要树立正确的教学态度

教学态度是指教师对教师职业、教学活动及教学目的等所持有的一种理念以及反映在教学上的一种行为方式，它包括对教师职业的看法、对教学的认识和理解等方面。教师正确的教学态度是教学方法创新的前提。

倘若教师不热爱教学工作，没有科学的现代教育理念，不热爱自己的学生，不了解学生的身心特点和知识背景，那么无论什么教学方法都是纸上谈兵。认识不到教师职业的崇高地位和历史使命，就不会深入研究本学科的理论前沿，就不会去学习相关学科的理论成果，就不会去研究本学科教学内容的逻辑体系，就不会去研究学生关心的热点、难点、疑点问题，因材施教就容易成为一句空话。

从教学的目的来看，教学的目的不仅是要告诉学生范式、定理，更要培养学生科学的世界观、人生观和方法论，培养学生素质和优良作风。这就要求教师不仅要系统掌握本学科的专业知识，更要确立正确的思想和行为规范，言传身教，创造性地开展教学活动。

一名教师，其乐观、严谨的人生态度一方面会影响其对教学的态度、对学生的态度，另一方面也会影响学生对教师的态度、对课程内容及课程本身的态度，进而影响到教学创新和教学质量。

（三）教学方法创新要借助两个有效手段

有了正确的态度，还要借助有效的手段，才能保证教学方法创新的顺利进行。而反馈技术和悬念技术是教学方法创新的两个有效手段。充分理解和合理运用这两个技术，能激发学生的求知欲，提高学生的学习积极性，给教学方法创新带来良好的教学效果，提高教学质量。

1. 反馈技术

反馈技术有广义和狭义之分。广义的反馈技术是指整个教学过程。狭义的反馈技术仅指课堂教学，即教师在课堂教学过程中，在教学理念上必须关注学生的反应，在教学行为上必须依据学生的反应做出恰当调整。反馈技术要求教师在课堂教学中注意观察学生的行为、语言及形体等反馈信息，适当调整自己的教学行为与方法。采取这种教学方法可以使师生双方在课堂教学中有效地沟通，使教师及时解决出现的问题，也可以帮助教师在教学过程中不断调整教学方法。这一技术在使用时要注意：教师需要及时捕捉学生的反馈信息，同时要给学生留下反馈的时间，还要迅速、准确地分析反馈信息的含义，并及时做出正确反馈。

另外，在课堂教学全过程中，教师还要用目光扫视全体学生，通过这种方法表达教师对学生的关心和教师的自信，促进建立起师生交流互动的情感氛围。课堂教学过程中教师要与绝大多数同学进行目光交流，特别注意不要忽略坐在角落里、在后排和有对抗情绪的学生。

2. 悬念技术

所谓悬念技术，是指在课堂教学中，教师有意识地、不断地设置悬念，从而牢牢抓住学生的注意力，以提高教学效果。在实际的课堂教学过程中，有些教师喜欢在某些地方突然提高嗓门或加大信息量，用“这很重要”及“这里可能会考试”等语言提高学生注意力。这种办法可能对某些专业学生在较短时间内有一定的效果，但这些办法时间久了、使用多了就没有效果了。为什么通过设置悬念的办法能有效地提高学生的注意力，诱发学生的关注热情，进而提高教学效果呢？因为绝大多数的大学生有着强烈的求知欲，他们渴望学习更多的专业知识和社会知识，掌握过硬的本领，有着宽阔的视野，而悬念技术恰好能强化学生的求知欲。实施悬念技术必须注意：悬念设置要为内容服务，悬念设置要恰当，悬念提出的时机要合理。

（四）注重多媒体教学的运用

多媒体教学课件的应用，改变了传统的知识存储、传播和提取方式，有丰富的表现力，具有交互性强、共享性好、利于知识同化等特点。在教学过程中，教师根据教学目标和教学对象的特点，通过教学设计以多媒体信息作用于学生，可以形成合理的教学过程结构，使学生在最佳的学习条件下学习。多种媒体的交互应用，形成了声、光、形、色、动等直接对学生视觉和听觉器官共同作用的情境，具有良好的强化效果和整体效应，可以优化教学过程，有利于提高教学的质量、效率。此外，教育部门组织开发的专业多媒体教学辅助课件是以国家指导性教学大纲为依据，兼顾了近年来专业发展的一些新特点，贴近生产实际，展示了专业生产的主要技术环节，图文并茂，感觉直观，可以弥补由于各方面原因导致的学生实习实践不足的现象。多媒体教学课件的应用已成为优化教学过程的重要标志之一。

第三节　高校教学方法体系构建策略

一、教学方法体系的层次结构

方法是为实现一定目的服务的。培养创新能力是一个新的教学目标，仅仅依靠现有教学方法是不够的。根据继承和创新相结合的原则，我们既要运用已有教学方法中那些使学生获得扎实的知识、技能（能力），使学生德、智、体、美、劳诸方面和谐发展的方法，又要进行教学方法的创新，运用培养创新精神、创造性思维和实践能力的新方法、新经验，重新构建教学方法体系。因此，新的教学方法体系，应包括两个方面：一是使学生获得扎实的知识行之有效的常用教学方法，如讲授法、谈话法、读书提示法、演示法、参观法、实验法、实习法、练习法、讨论法等；二是那些培养创新能力的新方法，如自学法、探索法（研究法）、思维发散法、想象法、直觉法等。

在长期的教学实践中，人们总结、创造出许多各具特点的教学方法，很多研究者对教学方法从不同的角度进行分类，有人认为有四种教学方法体系，即讲授的、训练的、自学的、开放的方法体系。第一，讲授的方法体系。基本形式是讲述、讲解。讲授设计的具体内容：一是教材的组合，二是确定科学的讲授程序，三是科学地安排时间，四是教学方法的组织与安排。第二，训练的方法体系，其着眼于学生掌握基本技能技巧，重视精讲多练。其形式可分三种：一是独立阅读，二是实验操作，三是习题练习。第三，自学的方法体系。自学作为获取知识的主要手段，有三种类型：一是在某学科学习的全过程中，都运用自学方法；二是在某些章节或某一两个课时，让学生自学；三是将自学作为教学过程的一个重要环节。第四，开放的方法体系。它是在教科书的范围内，教师指定章节、课题，明确进度计划与学习程序之后，让学生自己去学，既可以到图书馆、阅览室去查阅参考资料，也可按教师提示去野外、科学机构进行观察，或自己动手调查、做实验等，也可以组织学生进行讨论、辩论。

巴班斯基则将教学方法体系分为以下三类：第一，组织认知活动的方法（知觉、逻辑认识、实习）；第二，刺激和形成学习动机的方法（兴趣、责任）；第三，检查方法（口头的、直观的、实际操作的）。达尼洛夫、叶希波夫将教学方法体系分为三类：第一，保证学生积极地感知和理解新教材的教学方法；第二，巩固和提高知识、技能和技巧的教学方法；第三，学生知识技能、技巧的检查等。这些分类都从不同的角度或维度反映出教学方法的不同特性，但都未能完全揭示教学方法本身的结构及其发展规律，而且每一种教学方法，都是一个综合体，不能强行将其归属于某一类，但每一种教学方法既然被创造出来，就有相对的独立性和不稳定性。

教学方法从教学模式（在一定教学思想指导下所建立起来的、完成所提出教学任务的比较稳固的教学程序及其实施方法的策略体系）角度可分为五类：讲授式，以教师系统讲授为主；启发式，以教师讲授、说话为主，增加学生在教学活动中的比例，教师的工作由讲清教学内容变成引导学生自己搞清教学内容；问题式（也称探究式或发现式），通过提出一定的问题，引导学生依据一定的素材独立自主地求得问题的解决方式并在解决问题的过程中获得一定的知识、技能和思想品德的发展；范例式（典型式），教师只对同类内容中具有典型性的部分进行教学，其他部分则完全由学生自学；放任式，教师放开手脚让学生自学，只在关键时刻进行一些点拨工作。这种分类方式有利于综合兼顾教学目标、教材性质、教师、学生、教学设备等主客观条件对教学方法灵活运用的影响。教学目标越强调传授知识则越需要教师的指导活动，相反，越强调发展智力则越需要发挥学生学的作用；在教材性质上，对学生来说越浅易则越适合于学生自学，反之，越需要教师教；教师和学生越不成熟、设备条件越差，则越依赖于教师的教，反之，越适宜于学生的学。由此可得到启示，教学方法的改革要从实际出发，应该有不同的层次，根据学生的实际水平、教学设备条件，在正确的教学思想指导下，恰当地运用讲授式、启发式的教学方法，对保证大面积的基本教学质量有重要作用。即使是教师和学生条件比较好的班级，教学方式改革也需要有一个适应的过程，较多地运用讲授式教学方法的教师、班级，突然广泛地运用放任式教学方法，并不一定会取得良好的效果。

从系统论的观点看，教学方法是由不同要素辩证联结而成的、具有一定质的规定性的、相对独立的整体。第一，教学方法是具有一定质的规定性的整体，这种性质显然是由内在原因规定的，因而每个方法都是一个整体。所谓整体，即保持特殊的质的规定性。第二，一种教学方法既具有表现其特质的要素，也蕴含其他方法的一般要素。因而，方法的概念既是一个一般性的概括，又是一种特殊的存在形态。第三，教学方法内诸要素辩证联系形成一个统一的整体，表现出内在的统一性。这种不同要素、不同质的统一性就是方法的根本规定。第四，所谓相对独立，即每一个方法自身是运动着的，都不是封闭的，它具有广阔的物质背景，不断与周围世界交换着实体与能量，从而使方法发展变化，而不是恒久不变的。

我们把教学方法作为一个动态的、整体的系统来考察。根据教学方法发展的规律，以及各种方法内在的不同特点、功能，构成要素，适用范围和各教学方法相互之间的联系，可以把教学方法划分为三个相互联结的层级（或三个子系统）。

第一层级的教学方法包括以语言文字为传递媒介、以传递知识为主的五种基本方法，即讲授法、谈话法、读书指导法、练习法、检查法。它们具有下列共同特征：第一，这一层级的教学方法在教学活动中应用得最早又有较广泛的适用范围。第二，它们是各自独立的、具体的方法，都能独立完成某一教学任务。第三，它们是整个教学方法体系的基础，某些教学方法的使用需要它们的配合，如实验法要求教师讲清实验的要求、方法、步骤，这就必须有讲授法或者谈话法介入。第四，教师的活动在这类教学方法中的主导地位比较突出。

第二层级的教学方法是以实物为媒介，除传递知识以外，具有培养实际操作能力的功能，即演示法、实验法、参观法、实习作业法、课堂讨论法等。第一，这类方法是由于近现代科学技术的发展、教学内容的扩大、先进的技术手段应用到教学中，原有的教学方法不适应这种需求而随之产生的，从产生的时间来说晚于第一层级的教学方法。第二，它们是各自独立的具体的教学方法，但应用范围较前一类方法小。它们的使用都要有一定的条件和要求。例如，实验法适用于物理、化学、生物等课程，并需要必要的设备。第三，这一层级的教学方法是构成第三层级教学方法的基本要素。第四，这类方法以学生的活动为主，教师的活动是围绕学生的活动进行的。

第三层级的教学方法是新的综合的方法。当前主要的综合方法有纲要信号图示教学法，“读读、议议、讲讲、练练”八字教学法，六课型单元教学法，发现法，自然教学法，暗示教学法，范例教学法等。这些方法的创立都基于相应的教学思想。有些方法是将第一、第二层级的某些具体方法重新组合；有些方法本身已经包含教学原则、教学手段、组织形式和教学环节，构成某一方法体系。目前有些方法仍不完善，有待实验、研究、改进。因此，第三层级的教学方法是广义的更高水平的教学方法。突出特点是以培养学生的各种能力尤其是自学能力为主旨。教师的作用在于组织安排，调控教学过程。以“读读、议议、讲讲、练练”八字教学法为例。“读读”就是指在课堂教学中，让学生阅读教科书，目的在于培养他们的阅读能力。“议议”就是让学生根据个人对课本内容的领会理解各抒己见，相互切磋、交流，明辨是非，取长补短，以求得正确的结论的过程。“讲讲”主要是学生发言，教师倾听，时而插话，时而点拨，时而鼓励。“练练”是知识的应用，通过练习让学生把学得的知识、技能进一步消化和熟练，发现问题就回过头来再议。做习题、口头问答、书面练习、开卷小结和实验都属于练的范畴。“讲讲”在课堂教学里贯穿始终，读时有讲，议时有讲，练时也少不了讲。教师要有的放矢、画龙点睛地讲。可见，这种方法是综合了许多具体的教学方法，重新组合出来的一个完整的方法体系。

这一结构系统不是封闭的，而是开放的。它具有开放、包容、超越和创新的特有转化性，使得旧的方法转化为新姿态而具有新的生命力，再度发展创建出新的教学方法，从而使教学方法体系不断得到补充与发展。

任何教学方法都不是平面的、静止的，而是处于相对运动状态的多维结构。每一种教学方法都是由教师活动的方式和学生活动的方式以及信息反馈系统构成，都有自己固有的、相对稳定的结构，以发挥其功能。教学方法的模式则是随着教师、学生、教材和教学条件的变化而变化，没有固定不变的方法模式。因此，教学方法自身就是一个动态系统。例如，讲授法就有各种形式，有图解式的讲授法、发展式的讲授法、启发式的讲授法（也叫自作结论式的讲授法）、复现式的讲授法（用幻灯、电视、电影复现教材的实际内容与历史进程等）等。谈话法也是具有多种多样模式的，如巩固性谈话、复习性谈话、课堂讨论等。教学方法总是在教学活动中体现出来，任何一种方法的使用总是依存与它相适应的教学活动。离开了教学实践，方法也就失去了存在的意义。

二、高校教学方法体系（系统）

从系统论的角度看，一切系统都具有整体性、层次性、有序性，教学系统也不例外，它归属于教育系统，是教育系统的一个子系统。同时，它又包含许多子系统，教学方法体系（系统）就是教学系统的一个组成部分。

（一）高校教学方法体系（系统）的构成

高校教学方法体系是一个动态的、有序的、教师教和学生学的总和的整体结构。它是在科学方法论指导下，为实现特定教学目标，相互有机联系着的各种教学方法的总和。

高校教学方法是教师、学生共同参与教学活动的各种方式。教学活动是高校师生在教学关系领域发生的活动形式，它不仅包含认识活动，还有实践、评价、交往等活动。因此，教学方法体系不应只是教学认识活动的方法体系，而应充分体现多种活动整体的思想，应充分体现全面性、双边性、有序性和动态性特点。高校师生共同活动是人类活动的一种特殊形式，其可分为认识活动、实践活动、评价鉴赏活动和交往活动四大类，作为高校教学方法体系的四个子系统，每个子系统又可分出若干小系统，它们之间相互作用、相互联系构成了高校教学方法体系，这一体系具有整体性、层次性、有序性、动态性等特点。如果教师、学生能正确认识这些特点，充分发挥各自的主观能动作用，科学地将高校教学体系内部各要素有机组合，并注意改善教学方法体系的外部教学环境，就有可能保证教学方法体系发挥出最佳的系统性能。

（二）多元教学方法体系的运用

1.讲授法的运用

讲授法是大学最传统的教学方式，其主要是任课教师在介绍知识背景和现实情况的基础上，系统讲解该课程的概念、原理和具体内容。针对庞大的专业体系，讲授法在教学中是不可能完全被舍弃的。这种方法以教师为主体，注重课堂讲授，希望将抽象的理论知识传授给学生。这种体系化的教学模式有利于学生形成对专业课程的整体认识和了解，有助于培养学生体系性、科学性的专业认知。

不可否认的是，该方法在具备系统性、严谨性优势的同时，局限性亦在所难免。通过观察可以得知，“满堂灌”式的教学方法可以让学生获得扎实的理论基础，但也存在着过于侧重理论知识的单方面灌输、学习趋于僵化和死板、灵活性不够等局限性。学生掌握的是通过记忆背诵获得的标准答案，而不是思维能力的获得和提高，这可能导致学生的被动聆听与死记硬背，主动性难以发挥，积极性难以被调动。教师和学生间缺乏交流和沟通，可能使教师不能充分了解学生的所思所想，教学效果反馈不全面，教学漏洞无法及时发现并弥补，教学的针对性效果不佳。

笔者认为，对该方法局限性的弥补应从以下几点考虑。首先，教师应有意识地减少讲授法所占的比重，主要运用讲授法勾勒出知识点和理论结构，将这种教师和学生之间没有充分沟通和讨论的方法仅用于讲授基本概念和理论，并且要充分利用专业知识去贴近学生现实生活，用贴近生活的事例来讲解和说明专业课程中的抽象概念和理论。其次，教师在讲授中应注重穿插运用问题式教学、启发式教学等方法，最大限度地调动学生参与课堂、主动思考的积极性，培养学生的问题意识及观察事物提炼归纳的能力。例如，针对某些抽象的专业概念的讲解，可以先抛出问题，让学生自己开动脑筋进行思考，然后教师再进行总结性讲解。这样既有助于学生理解，又有益于记忆，从而起到事半功倍的作用。总之，传统的讲授法的灵活运用，既要发挥教师的主导作用，发挥系统性教学的长处，又要避免学生被动听讲、阻碍能力发展等弊端。

2. 练习法的运用

练习法是指通过分析案例进行专业学习。该方法重在将课程中涉及的理论知识融入实践，希望在教学过程中通过对实例的演练帮助学生理解有关理论知识，锻炼学生解析实例的能力。当下专业课程教学中采用的案例教学法、诊断式教学法均属此类，练习法以学生的分析和思考为主，教师的组织和引导为辅，在教师提出案例的前提下，由学生自主收集相关资料，并在独立思考的基础上对案例提出不同的处理意见。这种通过自主分析案例来学习专业理论知识的方法显然要比被动地接受知识更能增强学生的成就感，更能激发学习的主动性和积极性，在帮助学生深刻理解专业理论的同时，锻炼其综合运用专业知识解决现实问题的能力。该方法在专业教学中的运用有得天独厚的优势，因为它极其符合学科内容和自身特征，亦符合青年学生思维活跃的学情特点。该方法侧重引导学生运用发散性思维去寻找答案，而不是刻板地等待教师的标准答案。针对因当前高校教育重室内教学、轻实践教学环节的现实状况，该方法的使用很有必要，对培养学生的实践能力、提高学生的思维能力大有助益。

传统“满堂灌”式的教学法在具备系统性的同时，易于造成教师枯燥讲授、学生被动接受的局面，会导致学生主动思考不足，课堂气氛消沉、机械等缺点。而练习法能够有效地缓解这种状况，能够激励学生进行自主学习，提高学生的分析以及推理能力，并且在学习过程中，学生及师生之间的共同讨论和辩驳，将极大地促进学生口头表达能力、交流沟通能力以及实际应变能力的提升，给学生未来的职业发展打下良好基础。

练习法在具备上述优势的同时也有其局限性，如由于对分析案例等实践操作能力的偏重，可能会使学生的检索文献、理论论证等独立科研能力，以及学术规范的养成、学术兴趣的培养等方面有所欠缺和忽略，这导致学生在撰写学术论文时因缺乏必要的学术训练而遭遇障碍。

笔者认为，解决上述问题的方法有两种：一是练习法与讲授法的穿插运用，用案例引入教学，用案例总结教学。教师在开始课堂讲授时作为学生预习的一个环节，用现实生活的实例或典型案例，引出将要讲授的具体章节和知识点，调动学生学习的积极性和主动性。同时，在每个章节或知识点进行完毕之后有所呼应，既呼应练习环节内容，又巩固知识点。二是在高年级单独开设相应的实践课程。针对当下大四学生在修够学分的情况，对一些非操作性的选修课程失去兴趣的现实状况，适当增加训练综合实践能力的案例分析课程，这样更易调动学生的学习兴趣。总之，练习法不宜独立运用，不应由于练习法的采用而忽略专业课程的完整性和内在逻辑结构的传授，更不宜因此而忽略学生学术思维和良好学术习惯的培养。针对我国高校教育某些环节，重视练习法的合理运用对锻炼学生能力具有现实意义。

3. 参与式教学法的运用

参与式教学法，即强化学生主体意识，用师生互动的模式进行教学的方法。该方法对学生思维能力的提高具有重要意义。

参与式教学法与传统教学方法的不同点在于，课堂教学中教师与学生之间的互动形式有所变化，师生之间更多的是一种平等对话的交流模式，而且教师更加重视学生在课堂学习中的主体地位，增进学生课堂参与感，促进学生自主学习能力的提高，以教师引导促进教学效果提升。参与式教学法在高校教学中能够有效避免教师支配式教学的情况，增进课堂教学活力，实现教学效果提升。

第一，参与式教学法有利于促进课堂建设。参与式教学通过教师与学生之间交流，学生参与课堂学习的积极性有明显提高，改变了以往教师讲课、示范，学生听课、练习的枯燥学习模式，促进课堂更加活泼而富有生气，增进学生学习兴趣、参与兴趣。

第二，参与式教学法能增进学生知识积累和技能强化。通过师生互动，教师对学生知识技能的掌握情况有更详细的认知，可以结合具体内容，采取更加合理的教学模式，而学生在与教师的互动中，更容易跟上教学节奏，对知识内容及技能了解得更加全面、透彻、深入，并进一步进行探究扩展，获得更丰富的知识内容。

第三，参与式教学法促进学生自主学习能力提升。自主学习能力是学生学习过程中的关键技能，很多学生虽然在初高中阶段逐渐养成学习意识，但是在学习能力方面多有欠缺，参与教学模式下教师可以结合问题导向以及小组合作等方法增进学生独立学习、自主学习能力的发展，以学生学习主体为基础，引导学生思考、感知、理解与探究，不断增强学习能力建设。

实践证明，这种教与学互动的研究性教学模式可以较好地调动和提高学生的积极性和参与度，从而成为灌输式教学的有益补充。但是，应该注意的是，对研究和讨论的偏重不应影响学生良好学术规范的形成和体系化知识结构的建立。教师在实施参与式教学法的过程中应注意，在将有关问题的研究推向一定深度的同时，要关注整个学科体系的内在逻辑性，承上启下，融会贯通；既注意宏观上的体系化，又注意随时向学生阐明科学研究的基本步骤，督促学生关注学术研究的方法和规范，养成良好的学术习惯；在研讨过程中注意遵守发言规则，强调论证的严谨性和逻辑性，引导学生积极、高效、有序地进行讨论。

三、构建现代高校教学方法体系的注意事项

（一）注重教学方法的科学性

所谓科学性就是教学方法的采用不能只凭经验、习惯而行事，教学方法的采用一定要有教学理念的指导，有教学客观规律可循。教师必须对学生有客观的了解，这样才能以科学、客观的态度进行教学方法的完善与改革。

（二）注重教学方法的开放性

大学课堂教学不能自我封闭，与社会的发展割裂开来。教师要学会运用开放的教学方法，学生也要学会使用开放的学习方法。教师必须强化自身的素质，不断提高自己的学术水平与社会阅历，让课堂讲授更生动，更切合实际。许多高校建立了课程组等组织，以便相互交流与提高。然而当今很多高校教师系从家门直接到校门，跟社会接触较少。另外，有些应用性强的课程，教师由于受到自身条件的限制，不能很好地把握社会发展的动态。因此，高校必须开放课堂教学，让不同层次、不同阅历的社会专业人士按照教学大纲的要求走进课堂或者采用移动课堂的教学方式走出去，让学生感受新鲜的社会实践。

（三）注重教学方法的整体性

教师应有效地将各种教学方法串联起来，以达到教学得法的目的，同时使学生也能获得合理的学法，真正达到教学的目的。在教学改革的探索实践中，笔者认为必须要把握六个角度：明确授课对象，明确授课内容，明确课程进度，明确授课教师的教法，明确学生的学法，明确教学的评价，以形成教学方法循环，形成整体效应，不断进步。所谓明确授课对象，就是在上课前必须把握学生的年级、专业以及学生对该门课程的基本认识，这些是学生学习的基础工作，是课堂教学针对性教学方法的关键。所谓明确授课内容，就是要明白授课内容的性质，是专业课还是基础课程或者其他，这也对教学方法的选取有一定影响。明确课程进度，是为了更好地为教学方法恰当地引入时间界限。最重要的是授课教师要有得当的教法，学生有恰当的学法。

从教的方法来看，教师必须修炼教法的三种魅力：交流魅力、学术魅力与实践魅力。所谓交流魅力，就是教师必须在课程开始的时候，让学生确信教师具备良好的人格魅力与表达能力，让学生能听明白，可以进行知识分享，让学生能够充分信赖教师，这是教学的基础。所谓学术魅力，是指教师必须有一定的学术水平，必须具有丰富的学识与见识，对课程学术前沿发展与当今实践的运作有清晰的思考，而且能采用正确的教学方法让学术知识被学生消化接受，学术魅力是教学的根本。所谓实践魅力，是指教师必须有丰富的实践经验和能力特别是面向应用的课程，教师的实践能力与水平也是教授好课程的重要保障，但是很多时候，教师并不具备丰富的实践经历。教师应有能力通过开放教学的方法营造实践魅力，这是教学的目的。交流魅力、学术魅力和实践魅力是依次进行的，先有交流魅力，缺乏交流魅力的教师无法表达清楚内容，后续学术魅力再强大，实践能力再优秀也无法弥补。但是仅仅有交流魅力，却没有学术魅力，教学没有真材实料，同样也无法获得学生的认同。对于基础类课程而言，教师只要具备了这两类魅力就可以了，但是对于一些侧重于实践、侧重于应用的课程，教师的实践魅力也是必不可少的。

从学的方法来看，学生必须遵循学习的过程，应该具备正确的学习态度，掌握正确的学习方法，能够进行自觉学习、自主学习与自立学习，而不要被动地、跟随地与依赖地学习。所谓自觉学习，是指学生必须要感受到学习该课程的意义与趣味性，让学生产生浓厚的兴趣，培养学生学习的乐趣，让学生自觉学习，这是学生学习的起步阶段。所谓自主学习，就是学生在教师的具体指导下，自我磨炼、自我提高、自我探索，或学生之间进行探讨，不断磨炼与巩固自己所学的知识与才能，这是学生学习的根本。所谓自立学习，就是学生能自立，能提出高质量的问题，具有独立处理问题的本领，这是学习的目标。学习目标达成的前提是学生有广泛的学识与见识。自觉学习、自主学习、自立学习这三个方面也是连贯性的，首先要自觉学习，其次要自主学习，最后要自立学习，步步深入。

教师教的方法与学生学的方法要有机结合起来。在课程入门阶段，教师主导性体现在交流水准上，以让学生信服为阶段性教学目标；学生主体性体现在自觉学习上，培养学生识别真善美，达到课堂美学的水平。在课程中期阶段，教师主导性体现在学术水准上，以让学生佩服为阶段性教学目标；学生主体性体现在自主学习上，在教师的具体指导下，学生能独立展开学习活动。在课程后期阶段，教师主导性体现在实践水准上，让学生折服为阶段性教学目标；学生主体性体现在自立学习上，学生能开拓性地把握知识与才能。教师的三种魅力与学生的三种学习方法并不是绝对一一对应的，也存在着相互交叉与重叠的状况。这样通过教师与学生的定位，可以让教师主导性与学生自主性凸显出来，能更好地培养出优秀的人才。

（四）注重教学方法体系的保障

构建现代高校教学方法体系，在我国高校尚处于星星之火阶段，要推进此项工作，使之形成燎原之势，健全激励机制和提供物质保障条件必不可少。健全激励机制，主要指将现代教学方法体系构建的状态、成效列入各级精品课、优秀课、专业课程、名师、优秀教师、优秀教学团队、教学质量优秀奖的评价指标体系之中，还应设立专项奖，奖励对现代教学方法体系构建有突出贡献的教师或教学团队，以此为改革注入精神动力。提供物质保障，主要指应为构建现代教学方法体系提供必备的特殊教室、实训室、模拟软件和案例库、学习资料和开展课题研究所需的经费等。构建现代高校教学方法体系，属于深层次的改革，没有较大经费投入的保障，是难以奏效的。

第三章　现代高校教学方法的选择运用

第一节　高校教学方法的选择与运用原则

一、教学方法的选择与运用

教学方法是教师和学生为了达到教学目标、完成教学任务，由教学原则作为指导，借助一定的教学手段（工具、媒体或设备）而进行的师生相互作用的活动。它是教师为引导学生掌握知识技能、获得身心发展而共同活动的方法。它包括教师教的方法和学生学的方法，两者相辅相成，缺一不可。在教学过程中，教师和学生都必须采用一定的方法，运用特定的形式和恰当的媒体设备，才能顺利完成教学。

教学方法是多种多样的，每种教学方法都有独特的作用，有一定的适用范围。在实际教学中，教师往往要综合考虑教学的各个相关因素，选取适当的教学方法，并合理地加以组合来完成教学。

（一）教学方法的选择依据

1.教学的目标、任务

每节课都有一定的教学目标和任务，教师要选择与之相应的能够实现教学目标、完成教学任务的方法。例如，要使学生掌握新知识，常用讲授法、谈话法；为使学生获得感性知识，常用演示法、参观法等。

2. 教学内容

教学内容是决定教学方法的主要依据。教师应仔细分析课题内容是传授新知识还是形成和巩固某种技能技巧，或者兼而有之；知识结构的推理层次是简明具体还是复杂抽象；内容表达是浅显易懂还是较为深奥；教学时间充裕还是紧迫；教学内容适合培养什么能力等，教学方法应根据这些考虑作出抉择。

3. 学情差异

教学方法要随学情不同而有差异。所谓学情主要是指学生的年龄特征、知识基础、能力水平、学习习惯和班级整体素质。例如，采用讲授法进行教学时学生活动相对较少，就要求学生有良好的听课习惯；采用讨论法、自学读书法，要求学生整体水平较高，有较强的分析能力和活跃的学习气氛；而如果学生的整体素质不高则较难采用讲授法之外的教学方法。学情决定教法，但反过来教法也能造就学情。长期在教学中激发学生的创造精神，采用相应的鼓励学生活动的教学方法，一定会培养出素养较高的学生和班级。

低年级学生注意力易分散，理解力不高，教学方法宜多样化且具有新颖性；高年级可适当采用谈话法或讨论法。如果学生缺乏对所学内容的感性认识，可采用演示法；已有相应的感性认识时就不必再使用演示法。

4. 教师的素养条件

使用某种教学方法需要教师具有相应的素养。有些方法虽好，但教师缺乏必要的素养，驾驭不了此种方法，就不能产生良好的效果。一方面教师在选择教学方法时应扬长避短。例如，讲授法对教师的语言要求高，表达能力强的教师就擅长讲授知识结构层次复杂的理论课程。又如，组织能力强的教师就能娴熟地驾驭讨论法教学的进程。具备条件的学校若能运用幻灯片等声像效果，对进行二次曲线或几何轨迹等教学，必将收到更好的教学效果。教学有法，但教无定法，针对整个大的教学单元采用单一的教学方法是不可取的。另一方面，教学方法的选择必须从实际出发，要根据教学目的、任务、对象、条件的变化而慎重灵活确定。新教师更应注意教学方法的多样化，善于综合使用各种方法。教师要在教学法研究上狠下功夫，勇于改革，改变教学的公式化和一般化，这样才能培养出不但掌握应有的知识而且具备各种能力的学生。

5. 学校的设备条件和教学时间

不少教学方法的运用需要一定的设备条件，如演示教学法需要一定的直观教具；实验教学法需要一定的仪器、材料；程序教学法需要有程序教材和教学机器等。学校不具备相应的条件，教师可因陋就简，尽量创造条件，不宜过分强调设备条件的重要性。

（二）教学方法的选择步骤

要实现教学方法的优化，还需要考虑适当的选择程序。教育家巴班斯基认为，要实现教学方法的优化，除了强调选择的标准之外，还有一个优选的程序问题，他把选择教学方法的程序问题称作选择教学方法的算法，即首先选哪些方法，随后选哪些方法的步骤，然后归纳出教师在选择教学方法时的一般步骤。

第一步：决定是选择由学生独立地学习该课题的方法，还是选择在教师指导下学习教材的方法。

第二步：决定是选择再现法，还是选择探索法。

第三步：决定是选择归纳教学法，还是选择演绎教学法。

第四步：决定关于选择口述法、直观法和实际操作法如何结合的问题。

第五步：决定关于选择激发学习活动的方法问题。

第六步：决定关于选择检查和自我检查的方法问题。

第七步：认真考虑所选择的各种方法相结合的不同方案。

上述步骤具有以下特点。第一，选择的教学方法可分成三大类，即组织和实施学习认识活动的方法、激发学习认识活动和形成学习动机的方法及检查和自我检查学习认识活动的方法。第二，强调优先考虑以学生独立工作或探索法组织课题的学习。例如，巴班斯基认为，只要时间允许，学生又有独立学习课题的准备，就应该选择让学生独立学习的工作法。第三，强调所选择的一整套教学方法是否有效，要放到教学实践中去检验，为了随时修正、调整所选择的方法，教师应多设计几套方法。

（三）教学方法的优选原则

一堂课的教学究竟选用哪种方法比较适宜，不是由教师的主观意愿决定的，除要有正确、科学的教学思想指导外，还要有客观依据。

1. 以教学内容和学生认知特点以及教学设备等条件为出发点

教学方法的选择归根结底是要为实现教学目的服务的，为此教师首先要明确教学的总体目的和任务，其次对每个环节的教学内容是什么、要实现哪些任务、具体目的是什么、重点是什么、造成难点的原因何在、教学的关键在哪里等，做出深思熟虑的分析。高校课程的核心知识是概念和规律，按照知识的来源，可以将它们分为本源性知识和派生性知识。所谓本源性知识，就是从观察生活、生产实践和总结概括出来的知识。派生性知识则是由已知的知识运用科学方法推导出来的知识。按照教学活动和学生认知的特点，对本源性知识采用观察、实验探索的方法比较合适，而对派生性知识则比较适合采用论证、推理、分析的方法。

教学要从实际出发，了解学生的实际与教学仪器设备等条件。学生学得懂是教师教学过程的出发点和归宿，因此，教师对学生的心理特点、知识基础、生活经验、理解能力以及学习风气、平时学习表现等都要做到心中有数。教学仪器设备等因素是选择教学方法的物质基础。一方面要充分利用学校现有条件；另一方面要注意发挥教师、学生的主观能动作用，如自己动手制作教具。这些都是恰当地选择教法、科学组织教学活动的重要依据。

2. 以既传授知识又培养能力为目标

高校教学应将培养能力与传授知识结合起来，在传授知识的过程中立足于发展学生能力。这不仅让学生获得了基础知识，还培养了学生的观察实验、创造思维、逻辑思维能力，以及想象力和自学能力。事实上，采取任何教学方法都能够传授知识，但其产生的教学效果则不尽相同。例如，幻灯机教学，教师可以备好实物和配图，有条理地讲解原理、构造和调解方法，学生听起来顺当，不难接受，但常常是一放就忘。教师也可以提出问题，让学生动脑动手并讨论，这种方法虽然比较难，但它不仅可以使学生学到知识，还可以学到获取知识的方法。

3. 以发挥学生的主体作用为手段，教是为了学

发挥学生的主体作用，就是让学生成为教学体系的中心，充分调动他们的积极性，让一切感觉和思维器官都积极参与到课堂活动中来，用耳听、用眼看、动脑想、动嘴讲、动手做，变学生单一渠道地接受知识为多渠道地获取知识。为此，教师也必须优选教学方法，以发挥学生的主体作用。

4. 以教师的主导作用贯穿教学过程的始终

优选教学方法离不开教师的主导作用，而且这个主导作用要贯穿教学过程的始终，同时要能引起学生的学习动机，激发学习热情，使学生既认识到应该

学，又感到乐于学，适当安排学习环境，设置适当“路标”，为其探索科学知识创造条件。

教学方法具有科学性与艺术性的双重特性，因此，教学有法，教无定法。教师既要根据教学本身所具有的规律选择和运用教学方法，又要善于对教学方法进行艺术性的再创造，灵活地加以利用。

（四）教学方法运用的原则

为了更好地进行教学方法的优选组合运用，教师在教学过程中必须把握以下三条基本原则。

1. 思想的启发性

教学方法的指导思想主要有两种：注入式和启发式。注入式的教学思想把学生看成被动接受知识的容器，这使得教学方法单调、保守、死板；启发式的教学思想尊重学生学习的主体地位，能够激发学生的主观能动性，培养学生的创造力。所以，教师在运用教学方法时，要始终坚持以启发式的教学思想为指导。

2. 系统的整体性

教师在运用教学方法时要把握系统的整体性原则，着眼于教学方法系统的整体功能，将整体功能和整体效益当作运用教学方法的目的和归宿，注重各个教学方法之间的影响和制约，使各个教学方法更好地协调配合，以提高整个教学方法系统的功能和效益。

3. 过程的发展性

教学方法的运用是一个发展的过程，教师要根据具体教学情况的发展变化相应作出调整。在备课时，教师要尽量掌握教学活动中可能产生的新情况，准备应变办法；在上课时，教师要根据教学过程的实际，灵活地掌握教学进程，还要不断地创造有利条件，促进学生良好习惯的形成。

二、教学方法的选择与运用策略

教学方法的选择和运用具有明确的目的性，它为教学目的、教学任务服务。同时，教学方法又是一种指引、一种向导，需要师生之间的情感沟通与密切配合；需要理论与实践的有机结合；需要教师具有丰富的教育教学实践经验；需要多种教学方式、方法的有机结合并灵活、创造性地运用。教学方法的选择和运用，需要关注师生间的认知、情感、经验、行为和教学环境，围绕大学生健康的情感生成、智慧生成、知识生成、经验生成和方法生成等心理成长等，应注意以下三个方面的选择和运用策略。

（一）社会性、开放性策略

大学课堂教学是社会性的、开放性的，其与社会存在着割舍不断的联系。大学课堂教学必须突破特殊认识活动论的传统框架，从更高的层次——生命的层次，用动态生成的观念，重新全面地认识课堂教学，构建新的课堂教学观。大学课堂教学是整个教学形式体系中的一部分，教学方法的选择和运用需要注意社会性和开放性。根据现代大学教育教学理论、社会特性和学生的认知心理规律，社会性和开放性主要体现在大学课堂教学理论知识的科学性和系统性，大学教学方式的多样性、灵活性和创造性，大学教学内容的综合性、先进性、严密性等方面。因此，教师在大学课堂教学中，教学方法的选择和运用必须注意社会性和开放性策略。

（二）改革和与时俱进的策略

教学方法的选择和运用要与教育教学改革紧密结合。随着高等教育教学改革的不断深化，大学教学的思想观念和方式方法也在不断地发展变化。当前，综合国内外高校课堂教学改革的情况，大学课堂教学方法的改革主要有以下一些发展趋势：一是在指导思想上从注入式教学转向启发式教学，如现在实施的程序教学法、情景教学法、发现教学法、问题式教学法等都属于启发式教学；从单边式教学转向多边互动式教学，如讨论式教学法、自学指导法等；从讲授式教学转向操作训练式教学，这种教学方法在应用型大学的课堂教学中运用得比较普遍，如模拟教学法、案例教学法、项目式教学法、实验实训教学法等。二是在方式方法上注重多样性、灵活性、创造性运用以及各教学法的相互配合使用，如在课堂教学中，综合应用讲授、演示、讨论、模拟等教学方法。三是在教学活动的对象上，将教学活动的重点由教师主导转向强调学生主体地位，教师指导学生独立自主地学习，以培养学生积极、主动、创造性的学习能力，如自学指导教学法等。四是在教学目标上，由教师教给学生知识技能转向学生自主学习，学会探索，以获得理论知识、技能和发展能力，如现在正在积极探索和实施的翻转课堂、慕课等新型教学模式和方法。

（三）艺术性与优化组合策略

课堂教学方法的选择和运用需要讲究一定的艺术性，必须在同一堂课里，根据教学内容、教学情境、教学进程、学生的个性特点和认知水平等，交叉融合运用多种教学方式方法，如将教学法中的讲授法、演示法与练习法三种方法有机地结合起来，教师课堂教学就能显现蓬勃的生机与活力。由于教学方法和手段的多样性以及应用的组合性、互补性和创造性，课堂教学方法选择的艺术性和优化组合显得更加重要。教师在课堂教学设计中要高度重视教学方法的选择和优化组合，以实现课堂教学方法的复合化和个性化。“教学有法，教无定法”“有教无类”就是这个道理。只有树立选择意识，才能更好地完成教学任务；只有个性化的选择和运用，才能发现最合适的教学方法。为了实现教学方法选择的艺术性和最优化，教师应该注意以下几点要求：第一，符合学科专业特点和教学目标、任务；第二，符合教学规律和教学原则；第三，符合学生的身心发展水平和知识、技能基础；第四，有利于运用教学条件和教学技术；第五，与教材和教学内容相适应。

第二节　高校教学方法选择和创新的策略

一、高校选择教学方法的标准

高等教育的目的是在传授知识的同时强调提升学生创新的能力，具体地说，教师在方法的选择上考虑的是展示知识体系构建的多种视角、学生在掌握知识体系后的创新能力和学生形成的思想观念。

从教学的对象来分析，高等教育的对象基本上是成年人，生理、心理和社会文化水平都有一定的发展高度，因此，人们的一个假设就是高校教师不需要课堂控制技术，不需要调动学生学习的积极性，不需要在课堂教学中贯穿教育性原则，教师要做的就是根据知识的逻辑体系充分展开自己的教学。笔者认为，无论在哪种知识水平上的学习都是一个必须付出努力的过程，尽管大学生的自我控制力强，生理、心理发展水平高，但是，所要接受的知识是国家课程计划所规定的，对他们来讲仍然存在自主学习与被动学习的选择。教师方法运用得当就可能使学生从被动学习转化为主动学习，教师展示知识的视角如果能接近学生的生活，那么枯燥的逻辑推论也会充满生活的气息。

从学生学习的要求来分析，高等教育阶段对学生学习的要求不是记忆知识内容，而是要思考不同学者对同一客观世界的看法为什么存在不同，甚至相互抵触和冲突；当不同的学者用不同的概念体系来阐释同样的世界时，他们立论的基础是什么；还要求大学生在进行差异比较中形成自己的思想观念体系。因此，教学方法的选择不是告诉大学生世界是什么，而是多视角地呈现不同的观念，引导学生进行分析比较，并得出自己的答案。

教学媒介是教师的教与学生的学的桥梁，基础教育与高等教学媒介的差异导致了教师方法选择上的必然不同。首先，从知识的载体和知识呈现的方式来分析，基础教育的知识载体是课本。学生掌握知识的深度与范围在课本中受到严格的规定。在知识呈现的方式上，它强调的是现实世界的经验，目的是帮助学生了解世界和认识世界，是严格按照学生的身体、心理发育的阶段性特点来编排的。因此，领悟大纲、紧扣教材成为教师课堂教学方法选择的必要条件。高等教育从某种意义上承担了职业训练的角色，因此，大学的课程分知识基础课程与专业知识基础课程。知识基础课程严格按照知识自身的逻辑发展体系来安排，而专业基础课程则按照职业技能训练的步骤来呈现。因此，大学教材所呈现的是专门化的、已经严格分类的知识。大学生的学习重点是掌握这种专门化的知识体系，并在此基础上培养创新能力，所以教材只具有参考价值，学生的学习内容并不局限于教材所展示的内容。教师教学方法选择的立足点不是教材，而是这门学科整体的知识结构；不是着眼于每一节课该运用什么方法，而是根据这门课程的性质来考虑方法的选择。因此，在具体方法的选择上，教师在课程进行中会在不同的阶段交叉运用不同的手段。

其次，教学媒介在方法的选择中所起的作用也不一样。在基础教育阶段，学生掌握的是间接经验，它描述了世界是什么，是一种陈述性知识。当学习者以自己的经验为背景建构对事物的理解时，不同的人看到的是事物的不同方面，不存在对事物的唯一的标准理解。因此，教学要使学生超越自己的认识，看到那些与自己不同的理解，看到事物的侧面。基于这样的认识，教师与学生、学生与学生之间的社会性相互作用十分必要。在具体教学实践上，笔者认为通过合作与讨论，可以使学生与教师、学生与学生了解彼此的见解，丰富自己的认识，以利于知识的广泛迁移运用。教学媒介成为沟通师生、生生之间的工具，它可以从不同的侧面展示学生的未知领域，运用不同的刺激方式，如声音、图像或文字等帮助学生加深理解。高等教育阶段，教师不仅要传授知识，更主要的是传播知识，大学生的角色不仅仅是知识的接受者，除了掌握学科知识体系是什么，还要了解学科知识为什么要这样建构。从能力定位上，大学教师不仅要具有传授已知世界的知识的能力，更要具有研究未知世界的能力，教师的研究思路、方法、视角也是大学生学习的对象。大学生不仅要掌握一种学习知识的能力，更重要的是培养创造新知识的能力。所以，大学教师在运用媒介进行教学时，媒介就不仅仅是一种知识展现的工具，而应该将媒介的功能定位在大学生思维能力培养和创新意识的塑造上。

二、高校教学方法创新的原则

构建高校教学方法创新理论是为了推进高校教学方法创新实践。高校教学方法创新的原则是以基本创新理论为前提，按照激化矛盾冲突、假设科学有效和追求教学效率（师生的价值实现）最大化的基本规律，指导创新实践。以适切性为特征的创新原则和以有效性为特征的创新目标是不断发展变化着的，不是一种判断教学方法的价值标准，它们在不同教学情境下有不同的要求，绝不可一概而论。人类社会的创新理论和实践也在不断发展，一般而言，创新就是在有限的时空范围内，以非传统、非常规的方式先行性地、有成效地解决社会、经济、技术等问题的过程。它包括以下几方面的含义：其一，创新是一项活动，目的在于解决实践问题；其二，创新本质上要突破传统、突破常规；其三，创新是一个相对概念，其价值与特定的时间、空间和对象密切相关；其四，创新无处不在，人人可为；其五，创新以成效和结果为最后评价标准，可模糊分级。因此，教学方法创新实际上就是教学方法选择和运用的变革问题，教学方法创新的原则就是用来指导教学方法创新活动的相关规定性。根据创新活动这样的一些规定性，高校教学方法创新的基本原则如下。

（一）科学性原则

高校教学方法创新无论在方法论层面还是在具体的教学艺术与技巧层面，首先必须是科学合理的，而不是随心所欲的，是科学性与艺术性的统一。同时，创新活动还必须同时符合相应学科规律的基本要求，违背任意一方面的基本要求，教学方法创新就会成为为创新而创新的形式主义。

为了使教学方法创新符合科学性原则，高校在创新活动实施之前，就应当对创新活动的实施以及结果有个基本评估，使其尽可能合理一些，操作更便捷一些。

（二）相对性原则

创新本来就是相对原有状态而言的，任何创新都不可能达到绝对的最优、最佳、最先进的程度。教学方法创新的相对性是针对人类既往所使用的一切教学方法而言的，是总结和继承传统教学方法合理成分而开展的相对完美的改革，没有过去就不可能有教学方法创新的未来，无论从具体形式还是从组合方式，以及所产生的后果角度看，只要取得了相比以前更好的效果，就是成功的创新实践。特别重要的一点，真正的教学方法创新必须是能够推广的，而不是“独门绝技”。以前的很多教学方法改革创新，虽然在个别或局部产生了比较理想的成绩，但是推广价值不大，影响面小。这是我们开展教学方法创新活动所必须坚持的一项基本原则。

（三）适切性原则

教学方法创新的基本要求是符合教学需要，创新是实实在在的实践活动，不能有理想主义的心理。教学方法创新的内容一定要适合教学内容、教学对象、教学目标以及时代与教学环境的需要，方法是服务于内容、服务于主体、服务于目标、服务于环境条件的，不同方法用来适应不同内容、主体、目标、环境。高校这几个基本教学要素几乎时刻在变化，这就要求教学方法创新活动也必须无时无刻无处不在。即使是同一个教学内容、相同的教学目标和同一个教学时空，学生的情况也各不相同，教师应尽最大努力采取多样化的教学方法。

（四）开放性原则

高校教学方法创新需要有一个开放的环境和宽容的氛围，方能顺利开展，现有的各种管理、评价、考核制度不是鼓励教学方法创新，实际上是限制甚至是扼杀了教学方法创新。就教学方法创新的内在需要而言，一要有开放的视野，不要局限在教育学的圈子里，也不要只在已有的高等教育学圈子里打转，创新就是突破和超越，高校应鼓励学生多学科、多领域、多国度的学习借鉴，当然这种学习借鉴必须是认真消化了的、切合高校教学基本需要的。二是在教学管理上对待教学方法创新也必须是开放的，不要把课堂规定得太死，课堂就是教师和学生的课堂，要提倡把课堂还给教师和学生。三是在教学方法创新结果以及评价方面也必须持开放态度，既然是创新，就要允许有多样化的结果，甚至容忍失败，不能用传统的结果观念和标准考量创新的教学实践活动。同时，评价某位教师某门课程的创新价值，也应该科学地看待评价主体（学生）的认识能力及其当下的感受，有时当下的感受可能是不真实的，需要在很长一段时间内加以内化、比较以后才能作出客观的评价，所以不应一味追求课后即时评价的如潮好评。对教师来说，所谓的教学风格主要也是运用教学方法的相对固有模式，这种模式不在于让每一次教学活动都感受深切，但一定要有所变化、有所改进。

（五）公利性原则

公与私是一种系统联结概念，并非对立。公的根本价值在于为私服务，在于为私与私之间的利益分配提供公平保障。公是一个相对概念，从小处说是"私之外"，从大处说有国家民族之"公"、有人类社会之"公"。利就是具有某种可用性的价值体，分为自然存在物之利和人为事物或事务之利两种。高校教学方法属于人为的无形有用价值，无论是使用还是创新都属于公利范畴，按照强互惠理论就是一种典型的公利行为。比如，人类教育的产生、义务教育的规定性、高等教育大众化进程等都是宏观的公利性。教师在教学活动中的教学方法创新，必须是公利性的。

公必然源于私。但是，教师一定要注意处理"公心"与"公利"的关系，尽管出于"公心"，但要明确利为谁谋。私心谋私利，公心不一定都是谋"公利"，为了眼前的"公"谋利，是一种有回报的弱互惠交换行为，算不上公利性。公利性也不是常见的平均主义式的公平利益，而是适宜于每个学生发展的内在的公平之利，用同一种方法对待全体学生不是这里的"公利性"所要求的。

第三节　常用的高校教学方法介绍

教育实践在发展，教育理论在发展，因此，教学方法无论从实践上还是从理论上看，也在随着时间的推移不断地发展。有一些教学方法是多少年来一直沿用下来的，还有一些教学方法则是随科技发展和教育学、心理学理论的进展而开发出来的。

一、讲授法

（一）讲授法的作用

讲授法是教师通过口头语言向学生描绘情境、叙述事实、解释概念、论证原理和阐明规律的教学方法。但教师的讲授与学生的接受并不是一回事，同一位教师讲授同一内容，学生学习的效果却不同。这里除了教师讲授水平和学生接受能力的因素外，还涉及对讲授作用的实质的认识。

正确认识讲授作用的实质，要从学生掌握间接知识的规律来观察。学生对间接知识的掌握是通过感知、理解、应用来实现的，其中的关键是理解。如果没有学生自己的理解，就不能实现将他人的知识变为自己的知识的转化。讲授的实质是教师帮助学生理解，但不能代替学生理解。讲授的作用一方面在于以教师对教材的理解帮助学生克服理解上的困难，另一方面在于教师用自己理解问题的方法去指导学生学会理解。因此，讲授的效果取决于教师如何运用自己的理解以使学生理解，它是由前一种理解转化为后一种理解的过程，而不是简单的传递和注入思想。

由此可见，讲授法既有其突出的优越性，也存在某些内在的缺陷。这种方法能使较多的学生在较短时间内获得大量知识，且又便于对教学过程进行控制，因而成为教学方法中的一种基本方法。同时，由于它存在着不利于因材施教、不利于培养自学能力的局限性，因此，不能将此方法绝对化，甚至排斥或取代其他有效的教学方法。

（二）讲授内容的处理

所谓讲授内容的处理，是指根据课堂讲授的特点对既定的教学内容进行选择、加工和组织，其要求有如下几点。

一是讲授内容应体现专业培养目标的要求，它是专业培养目标逐层分解的结果。二是讲授内容应在确定性与不确定性相互统一的基础上求得科学性。在高等学校，教师既要传授给学生包含确定性内容的知识，也要向学生介绍科学发展中尚未解决的问题和尚未克服的矛盾，使学生看到科学中不确定的、需要继续探求的一面，以激励学生的创造、探索精神。三是讲授内容要有思想性，应从学科内容的特点出发，贯穿有关的思想内容。为此，教师一方面要注意教材思想性的把握，另一方面也要防止“离题”情况的出现。四是讲授内容应是以教材系统为依据的重点讲授，以及难点的突破。重点讲授与系统性是不矛盾的，它是在系统性的基础上，更加有效地在学生头脑中建立知识与知识之间、思路与思路之间的联系。

（三）讲授法的运用

讲授法的运用有以下四点基本要求，即激发动机、同步思维，结构严谨、说理深刻，虚实结合、表述生动，注意反馈、及时调整。

根据以上基本要求，教师可采用下面一些对应的方法。

1.运用问题法（或称矛盾分析法）

思维从问题开始，没有问题或矛盾，就没有积极的思维活动，也没有解决问题的动机和兴趣。因此，教师应善于释疑，使学生的思维活动处于不断地发现矛盾和解决矛盾的过程之中。

2.运用逻辑法

科学知识和原理的讲授实质上就是一个形成概念、进行判断和推理的逻辑过程。所谓结构严谨、说理深刻，就是讲授的内容在整体结构与具体的分析论证上要合乎逻辑。讲授中通常运用的逻辑方法是比较和分类、归纳和演绎、分析和综合等。这里应当指出的是，归纳和演绎、分析和综合应在教学中交互使用，防止偏废，这样才能使学生的逻辑思维能力得到较全面的发展。

3.运用理论联系实际及直观的方法

为了使抽象的理论知识更好地为学生所理解，教师需要将理论与实际联系起来，并尽可能地增强讲授的直观性，也就是做到虚实结合。理论联系实际，首先应讲明理论产生的实践根据或实验根据，其次运用实例来阐明理论，或运用理论分析有关的自然现象或社会现象，最后尽可能说明理论的实用价值或现实针对性。此外，在可能的情况下，教师应尽量运用直观的方法来配合理论讲授。

4.运用教学语言

讲授也是一种语言艺术，教学语言运用得好坏对教学效果有很大影响。教学语言使用要干净（少讲废话并避免口头禅）、准确和生动。

5.注意学生的反馈信息

学生在课堂上的反馈信息是通过各种不同的情绪或表情反映出来的，教师应善于捕捉这些信息，及时调整输出的信息，以引起新的信息反馈，从而使讲授过程处于积极的状态。

6.学生听课方法的指导

讲授法是讲课法与听课法的统一。教师在运用讲授法时，还必须加强对学生听课法的指导。听课法的基本要求是善听、善思、善记。

善听，即善于把握教师讲授的基本内容，注意教师是如何理解教材的，以及讲了哪些教材上没有的新材料、新观点、新方法。

善思，即善于通过自己的思考，将教师对教材的理解转化为自己对教材的理解，同时领会教师讲授中所使用的方法，从中吸取有价值的东西。

善记，即善于做听课笔记。它是以善听、善思为基础的活动，所记的东西应是讲授的要点及其逻辑联系、教材上没有的材料和观点，以及自认为精彩之处和存在的问题。

（四）备课

无论是新教师还是老教师，是新开的课还是教过多年的老课，教师都应认真地进行课前准备。备课的步骤按教学目标大体可分为三步。第一步是在钻研教材、参考资料和分析学生情况的基础上，按照一定的课时规定，进行讲授内容的选择、加工和组织，并写出讲稿或讲授提纲。第二步是根据确定的讲授内容进行教学准备，包括教学方法的选择、设计与教具的准备等。第三步是临上课前重温一下教案或讲授提纲，使上课时有充分的心理准备。

这里有两个值得注意的问题。其一是讲稿与教材之间应保持一种“不即不离、若即若离”的关系。讲稿对教材而言，既可以是补充性的，也可以是与教材在体系上、观点上相左的，这对加深、扩大学生知识面，培养学生批判性思维是有好处的。其二是实际讲授时的临场发挥可能与讲稿不完全相同，或根据情况做临时调整，或临时想到更为精彩的例证，这些都是教师教学水平和教学机智的表现，也是做好课堂讲授所必需的。

二、讨论法（课堂讨论）

（一）课堂讨论的作用

课堂讨论的基本特点是将教师指导、学生独立钻研、集体学习与交流三者结合在一起。这种方法的主要作用有四个：第一，便于调动学生学习的积极性；第二，促进学生对重点、难点问题的理解和对理论知识的应用；第三，能较好地使学生的思维能力、表达能力得到锻炼；第四，学生在讨论中的表现，也是评价教学质量和学习效果的重要参考依据。课堂讨论的主要缺点是比较费时费力，因此，教师只能有选择地、适量地组织课堂讨论。根据目的和性质，课堂讨论可分为各种类型，如以理解和应用为主要目的的知识性讨论、以弄清某难题为目的的讨论、以揭示问题矛盾为主旨的争论等。教师应根据需要进行准备，要合理设置讨论组的大小及组织方式，也应考虑到讨论的目的和效果。

（二）讨论的选题与准备

选择恰当的论题是保证课堂讨论达到预期效果的首要条件。选题的基本要求：第一，论题要能体现课堂讨论的具体目的。目的是加深对知识的理解，就应在重要的基本理论问题上选题；目的是学会新知识的应用，就应选择具有理论意义的实际问题或案例等。第二，论题的内容和表述要有启发性，并有讨论的余地，能引起学生解决问题的积极性和积极的思维活动。第三，论题的难易度应符合学生水平。

论题确定之后，就要做好讨论前的准备工作。对教师来说，准备工作包括对时间、活动方式、参考资料等做出具体安排，对学生提出具体要求，对学生的准备情况进行检查，进行总结发言准备等。对学生来讲，他们应针对讨论目的和要求，查找相关材料，形成见解，并提出解决问题的论点与论据，整理成发言提纲。讨论后发言提纲应交给教师，作为考核的依据。

（三）讨论的组织与引导

无论什么类型的讨论，都应包括下列三个基本环节。

1. 讨论的进行

这是讨论的主体部分，教师在组织与引导时应注意以下几点。

（1）应预先指定若干个学生做开题发言，或简要阐述自己的观点，以便使学生尽快进入角色。

（2）在讨论过程中，教师应使讨论始终围绕论题的中心展开，及时纠正偏离主题的情况。

（3）应把学生的注意力集中在论题的焦点上，使讨论步步深入。

（4）应控制好时间。通常一次讨论都不宜超过两节课，因此，教师一要使学生发言尽可能简练，二要适时转题，不要使讨论停留在个别枝节问题上。

2. 讨论的总结

总结的主要内容，一是对学生发言内容加以归纳和评价；二是补充教师对论题的基本观点，即带有结论性的意见，有些一时难以作结论的问题也应加以说明；三是对本次讨论的优缺点，尤其是讨论方法加以总结，以推动学习方法的改进。

3. 讨论的成绩评定

学生课堂讨论应给予成绩评定，其依据主要是发言提纲和讨论中的表现。这无论对保证讨论的质量还是对改进成绩考核内容和方法都是必要的。

三、调查法

（一）调查法的作用与类型

调查法是社会科学研究与管理决策研究的基本方法之一，也是高等学校理论联系实际的重要教学方法。首先，社会调查能使学生对我国国情及社会主义建设实践有比较深入的了解，是进行国情教育和思想政治教育的重要途径。其次，社会调查能使学生将所学理论运用于社会现实问题的调查与分析，不仅有利于加深对理论的理解，也有利于激发学生思考社会重大问题的积极性。最后，社会调查能提高学生社会活动能力，并使之受到调查研究方法基本功训练。

根据高校教学的特点，调查的类型可作以下划分：按教学任务的不同，可分为社会调查和与学科教学相联系的专业性调查两类，后一类调查又可分为以验证、理解和运用已学理论为主的应用性调查和以研究探索规律为主的学术性调查。按调查对象的不同，可分为经济调查、教育调查、人口调查等类型。按调查所要求的结果的不同，可分为现状描述性调查、因果性调查和预测性调查等类型。按调查地域的不同，可分为城镇调查与农村调查、全国性调查与地区性调查等类型。按调查范围的大小，可分为全面调查、典型调查、抽样调查等类型。综合上述不同角度的分类，明确其在各种分类中的位置，是制订整体调查计划的依据。

（二）调查的准备

调查的准备工作主要有以下几项。

1. 拟订调查计划

调查计划一般应包括目的要求、对象与范围、成果目标、方法、步骤、人员组织与时间安排等项目。调查计划应同被调查单位共同商定，以取得他们的支持。其中的关键是调查提纲的拟订。调查提纲所涉及的概念及项目，要有明确的含义，具有可操作性、可观性、可测性，并有利于最后的统计和归纳。

2. 理论准备

教师对调查所要涉及的和可能出现的理论问题与方法问题，应有充分的考虑，有针对性地指导学生复习有关的理论知识，做好理论上的准备。

3. 调查工具的准备

调查工具包括两类：一类是文书性工具，包括调查提纲及各种调查表、统计表等；另一类是器具性工具，如录音机、照相机等。

4. 组织准备

教师根据布点做好编组工作，进行思想动员，使每个学生都明确调查的目的、意义及调查计划所涉及的各种要求，同被调查单位一起做好调查的后勤安排。

（三）调查的实施与指导

按照调查方案的设计，做好调查资料的收集工作，是调查实施阶段的主要任务。调查工作应在教师指导下由学生独立开展。

在这个阶段，教师要做好下面两方面的工作。一是外部协调工作，主要是密切同被调查单位或地区领导机构的关系，向他们通报情况，争取支持和帮助，同时注意密切同被调查对象的关系，尽可能增加与他们的接触，争取他们的理解与合作。二是内部指导工作。

为收集到真实可靠的资料，调查应特别强调以下几点。

一是要坚持实事求是的态度。调查要从事实出发，结论只能产生于调查的末尾而不是开头，要保证调查资料的全面性和真实性。

二是要正确使用观察、访问、问卷等收集资料的方法。这些方法都有其特定的作用与局限性，一般都是交叉使用。不过，社会调查应以访问为主，其他方法为辅。

三是要根据调查过程阶段性特点，开展及时的指导。在开始阶段，就要解决打开局面的问题；要及时总结交流，解决出现的问题；在后期，则要进行资料收集的扫尾工作，就地对调查资料进行质量检查和初步的整理工作，以便及时发现问题，并加以纠正或补充。

（四）调查的总结

这一阶段的主要任务是对调查所得的资料进行系统整理、鉴别和分析，得出结论并写出调查报告。

1. 调查资料的整理与鉴别

除调查期间要随时整理资料外，总结时应对资料进行全面的整理、鉴别，筛选出提供分析的基本的论证材料，包括数字统计材料、描述性材料和分析材料等。

2. 调查资料的分析

分析的目的是为回答调查所要解决的问题做出必要的结论，根据调查目标的不同，大体上可分为现状评价结论、因果关系结论和预测性结论。要使分析结论有充分的依据，必须将数学分析与理论分析、定量分析与定性分析结合起来。

3. 撰写调查报告

整理调查报告时应根据所得结论，用观点统率材料，做到观点鲜明、论据充实、层次清楚、文字通畅。调查报告不仅是调查质量的反映，也是学生调查能力、表达能力及理论水平的反映。因此，除调查组要写出集体调查报告外，每个学生都要写出调查报告，并做出成绩考评。

四、实验法

（一）实验法的作用与类型

实验法是科学实验方法在教学条件下的运用。作为教学方法的实验，从内容上讲，多数为对已有科学实验的重复；从方法上讲，则是对科学实验方法的学习与训练。因此，实验法对自然科学教学具有十分重要的作用，主要表现在以下三点。第一，验证科学原理，使学生更好地理解和掌握所学的理论知识；第二，培养学生科学实验能力，使之掌握科学实验方法；第三，培养学生严格的科学态度和求是精神。

高校教学中的实验可分为三种类型。

1. 演示实验

演示实验同课堂讲授结合进行，一般由教师操作与讲解，其目的是为学习新知识提供事实依据。

2. 验证性实验

验证性实验是在理论学习基础上，按预先规定的内容和方法，在教师指导下由学生独立操作的实验。其目的在于验证理论，使学生加深对理论的理解和掌握，并对学生进行基本实验技能、方法的训练。

3. 研究性实验或设计性实验

研究性实验或设计性实验是在教师指导下，学生独立进行全过程操作的实验。其目的在于培养学生运用实验手段探求新知识，并提高从事实验研究的能力。

（二）实验课的安排与设计

实验教学应注意以下几点。

一是要处理好实验教学与理论教学的关系，在内容上有机衔接，在进度上疏密得当，并保证一定的分量。

二是要处理好经典实验与现代实验的关系。经典实验对掌握基础理论、训练实验的基本功仍然是必要的，但要进行精选，数量要逐渐减少，同时增加现代的新的实验内容。

三是要处理好验证性实验与研究性实验的关系。就本科教育而言，显然应以验证性实验为主，但不能局限于验证性实验，在高年级安排一定数量的综合性实验和研究性实验是完全有必要的，同时应创造条件，开放实验室，从低年级就开始进行独立实验的训练。

四是要处理好实验教学体系与科学实验方法体系的关系。近代以来，科学实验在方法上已形成了相对独立的方法论体系，因此，教师应从本学科的特点出发，加强对科学实验方法论的学习和研究，努力探索在实验教学体系中贯穿科学实验方法论的有效途径。

（三）实验课的组织与指导

1. 实验课的准备

教师的准备工作，一是根据教学计划所规定的实验，编写实验指导说明，对实验目的、要求、原理、步骤、方法、条件，以及应注意的问题，做出规定或说明；二是对难度较大的实验，要亲自做实验准备，做到心中有数，以免临时出差错；三是指导教辅人员做好仪器、设备、药品等准备。学生的准备工作，主要是做好实验预习，复习与实验有关的理论知识，熟悉实验指导书；还应尽可能参与仪器装配和药品的准备工作，使自己熟悉这方面的知识和技能，为今后的设计性实验打好基础。

2.实验过程的指导

发挥学生在实验中的主动性和积极性是搞好实验教学的关键。因此，最好是每人单独做实验，条件不具备的以两人一组为宜。在实验过程中，一切活动都应要求学生动手动脑，自己分析、处理实验中出现的问题。教师的指导主要是发现问题，及时向学生提出问题，在学生独立思考的基础上，给予方法上的指导，不应提供过多的具体帮助。此外，教师还应注重对学生科学态度的培养和爱护公共财物的教育。

（四）实验成绩的评定

对学生实验成绩的考核应根据实验教学的目的要求，对学生的实验报告及实验过程中的实际表现进行综合评定。为此，教师可结合各个学科的特点，确定实验成绩评定的标准。作为理论课组成部分的实验，其成绩应在该课总成绩中占据一定比例。

五、实习法

（一）实习法的特点和作用

高等学校的实习一般分为教学实习和生产实习。教学实习是某一门课或相近几门课的实习，也称课程实习，一般规模较小、时间较短，也比较分散，可到校外现场进行，也可在校内的实习工厂及有关现场进行。生产实习包括师范院校的教育实习、医科院校的临床实习等。由于各类专业的特点不同，生产实习的安排也不完全相同，如工科将生产实习分为认识实习、专业实习、毕业实习，但不论什么专业都将毕业实习作为集中的总的实习。

生产实习具有以下不同于校内教学过程的显著特点：第一，生产实习属于社会实践活动，都是在社会生产或工作单位以工作人员的身份直接参与生产或工作过程。实习的一切目的都要通过实践活动来实现，因而其具有实践性。第二，生产实习既是学科上的综合训练，又是知识能力、思想的综合训练，因此，其具有综合性。第三，生产实习是以学生为主体独立进行的，学生要作为一名工作人员独立承担任务，因而在各种教学方法中，生产实习是学习独立性最强的。第四，在生产实习过程中，学生在思想状态、知识能力及实际工作状况上表现出比校内课程教学更明显的差异性。第五，由于生产实习一般是分散在各单位进行的，各单位情况具有较大的差异性，这种差异性对实习安排和效果都会产生直接影响。

实习的重要作用主要表现在以下三个方面。

第一，对学生来说是一次集中的综合训练。通过实习，学生至少可以达到四个目的：进行思想与职业道德的教育；提高专业水平，特别是提高从事专业工作的实际能力；检验在校期间的学业水平，明确努力方向；了解和熟悉社会情况及未来工作的环境。实习是一次全面的学习、检验和提高。

第二，对学校来说是检验教育质量的重要措施。通过实习的检验，学校可以对学生的学习成果做出一些基本的分析和评估，以此作为全面评价学校教育质量、改进学校教育工作的重要依据。

第三，实习是加强高等学校同社会联系的重要渠道。

（二）实施正确的实习指导

实习的指导力量，包括学校实习指导教师和实习单位的有关业务人员，尤其应发挥实习单位业务人员的指导作用。对实习指导工作的基本要求有以下四点。

第一，要有周密的计划，包括学校、系、实习点及实习生个人计划等，要逐层落实，对各实习阶段可能发生的问题在做计划时要有所预估，并逐一加以解决。

第二，要实施全面指导，具体内容包括对实习生的思想指导，对实习生业务工作的指导，组织实习生进行社会调查，关心实习生的生活与健康，指导实习生做好实习总结，进行实习成绩考核及实习报告质量分析等。上述指导任务应由学校与实习单位的指导教师共同承担。

第三，对实习生应从严要求，防止走过场。

第四，指导工作要引而不发、因材施教。“引而不发”要求把实习指导工作建立在放手让实习生独立实践的基础上，是指导与放手的统一。由于实习生各方面的差异性，教师在“引”的时候，应区别不同对象，因材施教，实施具体指导。

（三）充分发挥实习生的独立性与创造性

实习生的独立性、创造性发挥得如何，是实习成败的关键。因此，教师一是要敢于放手，使实习生真正进入角色；二是要正确对待实习生在实习期间工作上的失误，应帮助他们总结失误的经验教训，提出改正的办法；三是要鼓励实习生发挥创造精神，使实习生在实习期间充分发挥创造才能。

（四）建设合适与稳定的实习基地

所谓合适，最重要的是实习单位的指导力量、工作条件及必需的生活条件能符合实习任务的要求。所谓稳定，就是学校要与实习单位建立长期协作的关系，使实习单位熟悉实习工作的规律，能够更好地与学校配合。

要建设合适与稳定的实习基地，必须做到双方互利，要发挥高校的优势，对实习单位的工作有所帮助、有所促进。只要下决心、下功夫，这都是能够做到的。

六、案例教学法

案例教学法，于 1870 年首创于美国哈佛大学法学院，在其后来的发展、传播、流变过程中，各学科领域引进案例教学法时都要结合本学科领域的特点和问题才能加以运用。这造成案例教学法实践形态丰富各异，人们对案例教学法的描述也各不相同。但万变不离其宗，案例教学法的学术形态在教育学中是作为教学法的一种，且与案例有着紧密的联系，这是概括案例教学法概念的基本着眼点。

概括来讲，案例提供学习的动机。教师将案例作为教学材料，结合课程教学目标和教学主题，最终让学生了解与教学主题相关的概念和理论，并培养学生的表达、沟通、反省、批判等高层次能力，以达成教学目标。学生在师生互动及自主学习的过程中，围绕案例进行分析、做决定、解决问题、提出行动方案、检验理论或原则等。简而言之，案例教学法就是将教学主题所设置的案例作为师生互动核心来达到教学目的的一种教学方法。

案例教学法是具体的教学方法。早期它作为理论教学方法和基础性教学方法，被广泛应用于法学、管理学、经济学等学科领域。它是在传统教学法与现代教学法相结合的前提下，为提升课堂教学的吸引力、感染力和实效性而进行的教学方法的改革创新。案例教学法是按照基本操作规范来开展课堂活动的教学方法。具体地说，就是教师结合教学内容，从理论的高度从纷繁复杂的社会现象中精心筛选、提炼一些典型的事件或社会现象，将其浓缩为一个个案例，并引导学生运用理论剖析这些案例，在案例分析反思的过程中融合理论课相关原理，培养学生表达、沟通、反省、批判等综合能力，并达成理论课所特有的帮助学生提升综合素养和专业能力的教学目标。

（一）案例教学法的程序

教师在组织案例讨论课时，可以大体分为三个教学阶段，但要注意结合学生实际，采取适当的教学方法。

第一阶段是课前的准备阶段，主要是教师向学生介绍案例的背景及讨论问题的目的、意义，使学生产生应该认真对待问题和讨论的强烈愿望，同时指导学生认真阅读案例，独立思考，进行必要的准备工作。为了准备得更充分，教师可以将学生分成几个小组，使他们进行集体学习与准备，相互启发、补充和分工协作，确定在全班讨论时的重点发言人，明确主要观点。当然，学生也可以以自愿组合的方式集体准备。总之，教师应使案例讨论过程从一开始就变成学生独立学习、独立分析和解决问题的过程。同时，教师还要创造一种思想活跃、迫切需要讨论的气氛，这是准备工作是否成功的重要标志。

第二阶段是案例分析讨论阶段，特别要注意提高课堂效率，教师最担心的是课堂松散，你一言我一语，浪费时间，不如教师讲授收获大。因此，教师要安排好案例教学的进程，启发学生积极参与、主动进取的精神，创造一种自由讨论的良好环境。若条件许可，教师应安排学生进行角色扮演。如果讨论中出现离题太远或未抓住重点的情况，教师应及时引导，画龙点睛，以便紧紧扣住主题。对于学生围绕主题提出的各种独特见解，哪怕是分歧较大或近于荒谬的看法，教师都不要急于肯定或否定，而应鼓励学生独立思考，善于听取各种不同意见。无拘无束地据理探讨使授课的真实感更强，学生能通过比较和辩论获得真知。同时，教师还应要求和引导学生注意倾听别人的发言，比较自己的思路，随时进行简略的摘记。

第三阶段是案例讨论后的讲评与总结阶段，它可以安排在讨论课结束前，也可以另外安排时间。不论怎样，认真做好案例讨论课讲评与总结工作，是这一教学活动能否获得学生积极支持的重要环节。教师讲评一般包括四个方面：第一，准备工作讲评。鼓励学生写发言提纲或发言稿，对学生独立学习、思考的情况和所做的准备工作是否充分给予评价。第二，讨论结果讲评。对学生提出的各种有代表性的意见和结论给予适当的评价，肯定有价值的见解，纠正某些错误观点，指出有待深入探讨的问题。第三，综合能力讲评。对学生的阅读、分析、思考和表达能力等进行评价，引导学生不断提高这些方面的能力。第四，学风讲评。对学生的治学态度、进取和求实精神进行评价，促使其养成良好的学风。最后要把案例讨论的综合情况计入平时考核分数，作为期末评定本门课程总成绩的依据之一。

（二）案例教学法的注意事项

1. 寻找科学案例获得渠道，严把案例质量关

高校教师在使用案例教学法时要注意对案例精挑细选，要求案例贴合相关的教学大纲和课程目标，能够最大化提高教学效率。选择的案例要做到与教学内容有机融合并突出一定的课程重点，这有利于学生准确把握课程目标和突破重难点内容。教师需要对所选择的案例进行有效的分析，以确保完美把控整个教学进度；需评估该案例与学生的理解能力是否相符、是否能够培养学生的自主探究能力等。不同的教学模块要选择不同的教学案例。一是教师在讲解行业未来发展以及就业的相关内容时，可以选取一些近年来的典型案例进行教学，让学生汲取一些专业性的经验。二是学生需要将知识与实际生活相结合，教师要提供一些与专业相关的真实案例来帮助学生丰富实践经验，并根据学生学习能力多选择一些常见的、较难解决的问题案例，这种案例更具研究价值。教师选择的教学案例要具有较强的感染力和吸引力，尽量贴近学生的实际生活，拉近与学生之间的距离，以激发学生的学习兴趣，提升学生的课堂参与度，这样才能达到最优的教学效果。

2. 锻炼教师的案例编写能力，提升教师教学能力

教师要树立终身学习的理念，不断提高自身的教学能力，培养自身的责任感。教师需要具备深厚的理论知识，在生活中也要做好实践工作。教师要学会灵活运用案例教学法，掌握好教学力度，提前制订好教学计划以发挥课堂引导者的作用，学会与学生建立良好的师生关系，加强课堂学习合作。教师必须改变传统的教学模式，改变以往以教材为中心的教学格局，学会将学生视为学习的主体，运用多元化的教学模式来培养专业综合型人才。案例教学法是一种需要创设情境来辅助教学的方法，让学生感受真实的情境、体会案例中的问题才

能够激发学生的自主探究能力。教师要对案例情境进行合理创设，让学生将所学到的理论知识合理运用到此情境之中。案例教学法的使用对教师提出了更高层次的要求，教师需要加强对自身教学能力的培训，学习一些案例教学法的教学技能。高校应该提供一些专业能力培养平台供教师选择，也应该加强与地方企业的合作，让教师定期去企业进行考察，尝试参与企业实际的运营流程，在实践过程中收集典型的案例，锻炼教师撰写教学案例的能力。教师也可以邀请企业中的管理者来学校做讲师，指导学生的实践活动。

3. 丰富相关案例教学手段，加强学生学习能力

在实施案例教学法的过程中，教师要充分尊重学生的主体地位，树立以学生为中心的教学理念来引导学生进行自主探究学习。教师需要让学生在上课之前进行课堂准备工作，可以利用网络聊天软件把上课所需的案例资料提前发放给学生，让学生自主调查案例所处的背景以及相关资料。学生主动去案例中寻找关键问题，再思考解决此问题所需要的策略，组织好自己的语言，以准备在课堂中进行讨论和分享。在课堂教学活动中，教师需让学生深入案例情境，并选择想要扮演的案例角色，尝试引导学生从角色的角度去思考和观察问题，采用这样一种角色转换的形式让学生更加深入地了解案例所包含的重要信息，并且学会如何面对复杂多变的情况，带动学生积极参与到相关讨论中去，让学生学会分析问题和解决问题。教师要把握好案例教学中的学生讨论环节，可以用小组合作讨论以及学生辩论等形式来促进学生之间的交流与沟通，促进学生分享想法和听取不同的意见。案例教学使学生能够学习、了解到更多的知识，学会从不同的角度去思考问题，培养学生灵活运用知识的能力。教师要对学生的讨论结果进行及时评价，让学生明白自己的长处和不足并及时改正。教师也要指导学生与学生之间相互评价，共同总结从案例中获得的有效信息，以此来启迪学生的心灵，使学生获得深刻的启示。学生在课堂总结中如果有不完善的地方，教师要及时予以指正，以便让学生形成正确的观念。

第四章　现代教学模式创新举措

第一节　基于资源的主题教学模式

一、基于资源的主题教学模式概述

主题教学模式是在建构主义学习理论指导下建立起来的，为提升学生综合职业能力，以主题形式呈现的教学活动框架或教学模式。主题教学模式使建构主义学习理论具体化、操作化，有助于我们用建构主义学习理论去设计和组织基于资源的主题教学活动。基于资源的主题教学模式是指学习者围绕一个主题，遵循科学研究的一般规范和步骤，通过充分发掘和利用各种不同的资源，在教师的帮助下进行的一系列探究活动。主题教学模式的发展是想改善传统教学学科知识彼此分裂的缺点，因此，其主题的选择与教学活动的实施均比传统教学更富有弹性且更加灵活。主题教学作为一种新的教学形态，符合当前新课程改革的基本精神和指导思想，它所倡导的主题性、建构性、探究性和创造性的教学具体实施策略有助于学生认知水平和综合素质的整体提升。但是，在实践设计中，主题教学依然存在着诸多问题，如主题学习肤浅化和去学科化倾向、主题教学的整体理解和把握缺乏、学科整合和知识整合的整体缺乏等，这需要教育理论研究者和实践工作者不断地进行自我反思和自我总结，进行更深一步的探讨分析研究。

（一）移动学习资源

1. 移动学习资源的含义

移动学习资源是指根据一定的学习目标，为表现特定的学习内容，在一定的教学策略基础上，支持移动学习环境的特定学习活动的数字化信息资源。移动学习资源与普通的学习资源不同，它是指可支持利用移动终端进行移动学习的一切资源，是知识建构的源泉。移动学习资源是推动移动学习发展的不可缺少的一部分。移动学习资源包括移动学习材料、移动学习环境以及移动学习的支持系统。移动学习资源一般来讲又可分为两部分：一是移动硬资源，二是移动软资源。本书所提到的移动学习资源主要指移动软资源，即根据移动学习资源面向的使用群体不同，采用方法各异和手段多样的方式进行设计，开发出内容呈现方式和特点各不相同的、适合移动学习的资源。

针对平板电脑等大屏移动智能终端的优势特征，可以归纳出当前移动学习资源的特点。第一，移动学习资源由单一媒体类型向多媒体类型过渡。由于目前移动智能终端的屏幕尺寸较大，用户的多媒体体验也更佳。因此，当前移动学习资源在内容设计上较多运用图片、音频、视频等丰富的媒体，提高用户的使用兴趣。第二，移动学习资源的呈现形式简洁。学习者一般都在非正式场合下，利用终端设备，通过无线网络访问移动学习资源。因此，移动学习资源要求导航、菜单简单明了，主要以文本、图片的形式呈现。第三，移动学习资源的访问便捷性高。随着移动网络带宽的提高、通信网络覆盖面的扩大，手机、平板、笔记本等终端设备在任何时间、任何地方都可以方便地接入网络，使得学习者可以随时随地、便捷地获取所需要的学习资源。

2. 移动学习资源的类型

目前常见的移动学习资源形式可以概括为以下几种：短消息、电子书、网页、网络课程、教育游戏、微信、微博等。不管是哪一种移动学习资源，都有其自身的特点。

（1）短消息。短消息类型的移动学习资源是指借助移动通信技术，将文字、图片等信息通过短信的形式发送给学习者，实现学习者之间、学习者与教师之间的互动交流。这种类型的移动学习资源内容简洁、形式单一、成本低。例如，“非洲农村的移动学习项目”就是通过群发短信给所有学生或某一门课程的所有学生，向他们提供教务教学支持和常规的管理支持服务。

（2）电子书。电子书是按照一定的标准规范，将数字化的文字、图片、影音等多媒体内容与相应终端设备相结合的集合。电子书不仅包括数字化内容，还包括承载这些内容的终端设备。

电子书类型的移动学习资源以文本为主，可用于多种移动设备，如各类电子书阅读器、PDA、智能手机、平板电脑、笔记本电脑等。目前比较常见的专用电子书阅读器有亚马逊旗下的 Kindle、北大方正集团的文房等。

（3）网页。网页类型的移动学习资源就是指 Web 站点，它类似网络学习资源，是以浏览内容页面的方式访问学习资源。网页学习资源的特点是内容充实且覆盖面广，能够涵盖较多的信息；而且，其包含的媒体形式丰富，不仅包含文本、图片、动画、视频等常见的资源类型，还可以包含一些利用虚拟仿真技术来模拟真实场景的三维资源。此外，网页资源在任何终端上都可以显示，用户体验度较高。

（4）网络课程。网络课程是通过网络表现的某学科的教学内容及实施的教学活动的总和。它是信息时代条件下课程新的表现形式。自 2012 年起，在线课程取得了飞速发展，为学习者提供了广泛的学习支持。人们将这一类新兴的大规模开放在线课程称为慕课，它沿袭了开放共享知识的理念，突破了传统学习方式和教学方法的束缚，实现了全球优质教育资源的共享。慕课的不断发展与完善，将会对传统的网络课程产生巨大的影响与冲击。

（5）教育游戏。教育游戏类型的移动学习资源以游戏的形式呈现，是专门针对特定的教育目的而开发的，目前在移动学习领域应用得较少。它以游戏作为教育的手段，具有寓教于乐的特点。

（6）微信。微信是腾讯公司推出的一个为智能终端提供即时通信服务的免费应用程序，微信支持跨通信运营商、跨操作系统平台，通过网络快速发送免费（需消耗少量网络流量）语音短信、视频、图片和文字。微信平台能够实现信息的快速浏览与转发，极大便利了移动学习的开展。

（7）微博。微博是一个基于用户关系的信息分享、传播以及获取平台。用户可以通过 Web、WAP 等各种客户端组建个人社区，以文字和图片更新信息，并实现即时分享。微博作为一种分享和交流平台，其更注重时效性和随意性，使移动学习更加人性化。

从资源建设的情况来看，网络课程、短消息、电子书、Web、微信、微博是目前开展的移动学习研究中主要涉及的学习资源，教育游戏则相对较少。

（二）云计算教学资源

云计算技术在教学上的应用主要是通过教师利用云计算提供的服务，结合教学云中的教学资源，构建符合自身所教学科教学特点的个性化的教学信息环境，以带给学生更好的教学体验，从而提高教学质量。这种基于教学云的云计算辅助教学能够很好地帮助教师实现科研和技能培训的便捷化，帮助教师轻松地构建个性化教学环境和交流平台，促进教师与教师、教师与学生之间的交流，有助于教师之间的教学成果共享和教学经验学习，有助于教师更好地辅助学生学习，在师生间形成教学相长的良好氛围。但是这种云计算辅助教学体系仍然只是某一高校内部的教学资源整合，这种教学体系虽然大大提高了本校教学资源的利用率，但是并不能从根本上解决高校之间教学资源失衡的问题。不过，这种辅助教学体系的出现为实现高校间的教学资源共享打下了一个良好的基础，高校自身教学资源的有力整合能够更好地适应今后高校之间教学资源共享的超级云教学模式。

通过云计算技术，不同高校之间可以形成一个基于互联网的资源共享体系，使每一所高校都构成一个小的教学云，然后再通过云计算公司的服务器节点将不同高校的教学云进行连接，从而形成一个庞大的教学云资源共享体系。通过对云资源内部的资源权限设置，不同高校的学生可以根据自己的需要进行各种教学资源的应用，而不局限于本校的教学资源，同时不必去资源实际所在的高校进行资源的获取。

二、基于资源的主题学习的现实意义

（一）形成多学科/跨学科课程学习内容

课程一般与科技发展紧密相关，科技在影响社会和教育的过程中也需要课程内容的改变，早期科学发展主要以综合为主，因为人们是从总体上认识事物的。随着科技的发展，人们需要对事物的认识更深、更广，所以科学转向了以分化为主，从而产生了许多的边缘学科、交叉学科和超学科，但是高度分化的学科让人们的认识缺乏整体性且日趋片面，割裂事物之间的联系，人们开始意识到分化的局限性，从而迫切地呼唤以全局观念看待问题，于是，科学又开始了新一轮的综合。科学发展其实就是一个“综合—分化—综合”的过程。

科学的综合化要求学科内容的综合化，这也决定了课程内容的综合化。为适应现代科学技术的飞速发展和解决人类面临的种种社会问题，我们应重新整合学科知识，加强课程内容的综合性，如环境问题、人口问题、资源问题等，是学校教育亟待加强的内容，而这些内容在分科课程中难以综合体现，因此，课程的综合化趋势是现代社会加强科技综合性的必经之路。

基于资源的主题学习解决了综合实践课程如何开展的问题，这种学习方法，极大地拓宽了课程资源的利用渠道，在整个学习过程中学习内容弹性大，没有规定的学习内容，而是根据学生的兴趣、社会的热点、培养的需要、资源的优势来确定学习内容。在学习过程中，学生需要运用多学科的知识才能解决问题，因此具有跨学科性的特点。由于各个地区、各个学校的情况不同，也就形成不同的校本课程，从而形成了多种多样的课程学习内容。

（二）发展学习者的问题意识，培养学习者解决问题的能力

在基于资源的主题学习过程中，主题既可由教师确定，也可由教师和学生一起确定。但是在真正的教学过程中，一般鼓励由教师和学生一起讨论确定主题，从而让学生形成问题意识，促使学生善于从日常生活中发现自己感兴趣的问题。这样有利于学习者学会发现问题、识别问题。教师帮助学习者思考问题的解决过程，而不是解决结果，同时在信息技术与课程整合的过程中，也实现问题解决与各学科领域知识的整合，而不是单开问题解决课让学习者获得解决问题的能力。基于资源的主题学习以建构主义的问题解决教学观为基础，提倡在真实的环境中培养学习者的能力，在这个过程中，教师作为学习者的指导者、合作者，负责教会学习者一般的解决问题的策略，让学习者利用解决问题的技巧解决学习者在现实世界中的问题。

（三）通过学习者的探究活动发展批判性思维能力、自主与协作能力和反思能力

批判性思维能力是指对于某种事物、现象和主张发现其问题所在，同时根据自身的思考逻辑作出主张的思考。批判性思维包含的范围很广，主要有批判性思考、怀疑精神、问题解决等方面。批判性思维能力也是创新能力的基础，没有批判性思维就不可能有创新。当前的社会发展需要既有自主能力又有协作能力的人才，要求自主与协作能力统一，具备了自主能力，学习者就获得了终身学习的基本方法，而具备了协作能力，就能与人融洽相处，拓展个人的能力，也就增强了社会、团体的竞争实力，所以自主能力和协作能力也是学习者

必须具备的能力。

反思能力即元认知能力，培养学习者的反思能力，有利于学习者自觉运用方法和技巧来提高学习成效，具备了反思能力也就知道了如何更好地控制自己的思维过程和学习活动，学会了如何学习。

三、基于资源的主题学习（RBTL）过程解析

基于资源的主题学习（Resources-Based Thematic Instruction RBTL）的整个过程，是以主题开发为前提，以活动探究为核心，并通过不断评价、反思优化整个学习过程的一个系统过程。其中包括三个主要环节：主题开发、活动探究和评价。

（一）主题开发——RBTL 的前提

主题是基于资源的主题教学模式中的核心概念。主题是指整合教学目标的、跨学科的学习内容或学习任务。在整个 RBTL 过程中，活动都是围绕主题展开的，主题开发的优劣直接影响教学效果。为使学习者在学习过程中占主动地位，教师应调动学生学习的积极性，提倡主题由师生共同开发，在开发的过程中要求主题具有亲和力、跨学科性、开放性、挑战性和实践性，同时主题还应当整合知识技能、过程方法和情感态度与价值观目标，以使学生在学习过程中获得知识、培养能力和发展情感水平。

（二）活动探究——RBTL 的核心

主题一旦确定，学生在教师的指导下进入实质性的学习过程，具体可分为以下几个步骤。

1. 明确问题，阐述问题情境

主题在确定时只是一个比较笼统的概念，还需将其转化为一个或多个待解决的、可操作的问题或任务。这一过程步骤需从多方面不断地追究问题所在，描述问题产生的情境，恰当地呈现或模拟问题情境，并描述问题的可操控方面，使学生进入问题情境，拥有问题意识或问题的主人翁感，为以后进一步探究做准备。

2. 形成假设，确定探究方向

学生在自己或他人经验的基础上，就问题的答案和解决问题的原则、途径

和方法提出自己的设想，然后进行论证，在论证的过程中，可能需要不断修正或改变，形成新的假设。

3.组织、实施探究活动

这一步骤是整个教学和学习过程的核心，是培养学生知识技能、过程方法、情感态度与价值观的关键，教师可以根据学习目标组合多种活动进行教学，让学生获得直接的学习体验。

4.收集、整理资料

大部分活动在实施时是一个收集、整理资料的过程。资料的收集、整理是有目的的，只有找到资料的意义，才能使资料发挥最大用途。

5.形成解决问题的方案

由于解决问题需要学习者建立多个问题空间，解决问题者必须将问题空间之间的认知或情境联系点结合起来，因此，学生应确定并阐明问题求解者的多种意见、立场和观点；生成多个可行的解决问题的方案；需要收集充分的证据来支持或反驳各种观点，以支持自己或他人的论点；需要讨论和阐述个人观点，评价各种解决方案的可行性，以最终在最佳的行动方案上达成一致意见。

6.展示和交流

学生根据探究内容展开相应的展示和交流活动，主要有报告、角色扮演以及辩论三种方式。

（三）评价——RBTL 的保障

RBTL 评价提倡综合性评价与过程性评价，倡导评价内容的丰富性与评价方式的多样性。在 RBTL 活动过程中，充分、恰当的探究有利于培养学习者的综合素质，如问题意识、科学素养、信息素养、创新能力、实践能力、自主与协作能力和反思能力等。在教学效果价值取向方面，RBTL 评价比较关注学生的问题意识、探究能力和反思能力的发展。

1.问题意识

问题的确定非常重要，是开展基于资源的主题学习活动中非常关键的一步。学生能否发现问题，取决于学生的问题意识强不强。学生问题意识的强弱，主要从学生的观察力、认知兴趣和求知欲以及丰富的知识经验等方面评价。

2.探究能力

探究能力是基于资源的主题学习活动所培养的核心能力，在探究的过程中重点培养学生的信息素养、自主能力、协作能力、学习策略、批判性思维能力等。

3.反思能力

除了教师、家长、专家等人员对学生学习效果进行评价之外，学生还需要对自我学习效果进行不断反思。反思是一个反省的过程、一个自我评估的过程。反思主要是对前一阶段的学习任务进行反省，获取反馈，了解自己所获的知识，知道自己的不足，明确改善措施。

（1）反思工作目标。教师可通过视频或实物呈现学生上节课完成的任务，对任务质量问题提出疑问，考查学生对这些任务的目标在理解方面是否有缺陷，唤起学生对影响学习质量因素的思考，对专业知识的理解。但这个过程并不需要有明显的教育痕迹。

（2）反思学习过程。教师应点拨和引导学生分析、判断错误产生的原因，引导学生反思学习过程。教师要善于提出问题，引发学生反思，如从接受任务到完成任务，“我做了什么？”“我是怎样做的？”“我的做法有效吗？”对学生有价值的说法要及时肯定，适时对细节追问，有助于学生认识这些问题背后原因，包括知识、技能和态度方面的原因。

（3）引导互助反思。在学生个人反思的基础上，教师要借助小组成员的交流，引发反思，这是学生学习与反思的主要推进措施。借助小组成员的讨论、交流学生可以对先前的个人反思结果进行再反思和补充。这有助于获得更好的解决问题的方法，并可直接运用于改进行动。互助反思能促进学生素质的自我完善。

教师要对学生学习反思的效果进行点拨和评价。争辩式的互助反思可以集思广益，拓宽思考视野，有利于反思向更广、更深发展。

四、基于资源的主题教学的优化策略

主题教学设计是以主题为中轴，驱动师生“双适应、双发展”的整体性教学设计，是教学模式的创新。主题教学设计主要包括主题内容、主题目标、主题形式、主题方法、主题评价等要素，因此，基于主题教学设计的课程资源开发探索实际上也就是根据以上要素特征或需求进行课程资源的开发、组织和筛选。下面以英语学科为例，深入探讨基于资源的主题教学的优化策略。

（一）根据主题教学目标厘清课程资源开发方向

英语课程资源包括交际对话、英文原著、各种教辅材料、英语实践活动、英语文章、英语应用软件等。众多英语资源的存在会使得英语教师难以确定课程资源开发方向，因此，对课程资源开发探索的首要问题便是明确开发方向，这需要通过主题教学目标来明确。例如，随着英语语法知识学习目标的日益深入，我们在进行主题教学设计时，会在英语语法知识学习的课程目标基础上，形成服务于特定主题的学习目标。初始的课程内容对应初始的课程目标，主题教学设计下的课程资源开发需要和主题目标相一致。

英语学习的总目标是培养学生的综合语言应用能力，主题教学设计下的课程资源开发方向确定可以按照以下思路来进行。第一，英语学科教材资源开发方向。课程目标是主题教学目标的基础，主题教学目标包括课程目标，而课程目标和国家规定的教材内容基本上是相对应的，英语课程教材基于课程目标而设置，因此，英语主题教学目标对应的一个重要课程资源方向便是对英语课本、英语练习册等现有英语教材资源的灵活开发。第二，与课程目标相关的英语教材之外的资源。国家规定的课程目标内涵丰富、立意深远，相对而言，现有的教材内容较为单薄，难以完全支撑课程目标的实现，如英语教学中的英语听力目标要求学生能听懂和理解基本听力材料，并能够在现实中沟通对话，而现有英语教材中的英语内容并不能完全满足这种目标实现的需求，听力训练方面的内容和现实结合方面略显不足，因此，在实践中还需要把专业的英语听力训练资源补充到课程体系中。第三，学生英语学习需要的其他资源。主题教学设计的一个重要目的是促进学生更好地发展，而对于学生来说，不同学生群体有不同的实际状况，所需求的英语学习资源就有所差异，如有的学生需要情境对话资源，有的学生需要听力训练资源，还有的学生需要写作资源等，在这种情况下，就需要把各种英语原著作品、英语对话情境训练软件等资源引进教学中。

（二）依据主题教学内涵指向，明确课程资源开发内容

开发合适的课程内容服务教学是课程资源开发的一个重要方向。而由于课程资源概念的宽泛性，英语教师对教学中的知识拓展很容易漫无目标。而从主题教学设计来说，在明确主题以后，已经形成了以主题为中轴的教学知识框架，不同的框架方向延伸形成了主题教学的指向，因此，对课程知识的拓展就

可以围绕相应的指向来拓展课程知识。一般来说，根据英语主题教学内涵拓展英语课程知识的步骤如下。第一，围绕英语主题方向确定英语内容范畴。不同主题对应不同的教学内容，例如，英语情境对话能力的主题教学设计，所有的内容都是围绕学生的情境对话能力来进行，或者是情境对话的实例举证，或者是情境对话的要求罗列，或者是情境对话能力培养的关键点，或者是情境对话的活动开展，都要和情境对话相关。在英语主题教学设计中，所有的英语教学内容都和英语主题有关，或者是主题原因，或者是主题分析，或者是主题内涵讲解，都和主题有着各种关联。第二，分析英语主题内涵的内容需求。主题内容源于课程，又高于课程内容，如特定英语写作的专题教学会应用到英语教材中的知识，又综合了学生在读写识记、时态、语法等方面的知识能力，在这个过程中，写作主题对应的资源内容就包括特定年级阶段学生的英语水平、写作中涉及的词汇语法知识，以及其他教师在此问题上的经验教训等。第三，根据英语专题的内涵需求进行课程知识拓展。明确英语主题内容的基本需求后，就可以进行对应的课程知识拓展，例如，英语阅读理解专题的目的是让学生能够读懂常见体裁的阅读材料，能根据不同阅读目的运用简单的阅读策略获取信息，找出文章主题、理解故事情节等，因此，对于相关专题，就需要进行阅读技巧内容、多种类体裁阅读材料等对应内容的拓展。

（三）根据主题教学逻辑安排课程资源内容顺序

在英语学科中把不同的情境对话片段放置在不同位置，就会使课程资源形成不同的状态。主题教学设计实际上就是让特定知识基于不同主题形成不同的知识体系，通过主题相关知识内容的合理串联，使各种课程知识更好地为学生掌握吸收，使学生的知识能力得到更多锻炼。主题教学设计中的各种资源实际上存在千丝万缕的关系，因此，可以基于主题的知识逻辑合理安排课程知识内容，使各种课程资源形成不同的状态表现。具体到英语教学实践中：第一，基于不同的英语主题原点发掘主题教学中的各种知识的内在关联。例如，在时态主题教学中，相关时态知识之间的逻辑关联可以使基于主题而阐发的内容体系更加合乎实际和逻辑。第二，对各种英语知识按照对主题影响的大小、轻重来分类。不同知识和课堂主题的关联不同，关系有轻重之别，影响有大小之分，例如，在英语写作专题中，单词、短语和语法都是写作的重要内容，在专题教学时需要对不同内容之间的逻辑关系进行梳理，以便相关知识按照内在的逻辑关系合理排列；再对课程内容进行合理顺序排列，在厘清众多英语课程内容之间的内在关系后，基于各种关系对各种英语知识内容按照远近顺序进行有序排列，即围绕主题教学做出知识关联的英语专题思维导图。第三，对排列后的课程内容进行整体审视和系统调整，围绕英语主题进行的知识内容排列最终目的是让学生通过英语主题学习，掌握时态、语法、词汇等方面的知识内容。不同年龄阶段的学生认知水平有差异，特定主题要强调的教学目标也不一致，因此，相关英语知识在依照基本关联进行排序后，还需要基于英语课堂教学的实际情况进行整体审视，使之更加符合英语课堂教学需要。

（四）基于主题教学组织形式进行课程资源的灵活运用

主题内容不同，采取的主题教学组织形式也有差别，例如，英语教学的主题内容可能是词汇识记主题，也可能是现在完成时、句子结构等各种各样的语法主题，这些主题对应的知识内容不同，要求的能力有差别，其面对的问题也有不同。因此，对于相关主题的教学组织形式自然会有差别，可以是小组合作，也可以是班级授课，以及多种教学组织形式组合等。基于主题教学组织形式的组织需求还需要对课程资源进行灵活应用。以英语写作主题为例，第一，要明确英语写作主题教学组织形式所需要的资源，包括写作模板、写作体裁分类、写作知识技巧、写作要求等方面的写作资源，例如，英语考试的写作例文、英语作文读物、英语写作网站等，依据英语写作教学专题已有的资源条件，可以采用模仿写作、实例分析、原文阅读等英语写作主题教学组织形式。第二，要明确英语写作教学相关课程资源的应用方式，例如，有关英语写作教学的英语视频需要通过多媒体教学设备来播放，还有一些英语作文需要通过手机联网来使用，不同英语写作资源的应用方式也有差异，等等。第三，要对英语写作主题教学内容的组织形式进行明确。教学组织形式是基于主题教学内容来选择的，只有明确了写作主题教学的组织形式或方向，或者是实地体验写作，或者是例文分析写作等，各种写作资源的应用方式和范围等基本问题才能最终落实。第四，要基于英语写作主题教学组织形式，合理组织课程资源。在明确英语写作主题教学的组织形式后，教师要对相关的英语写作课程资源进行合理应用，例如，先通过英语视频让学生掌握学习写作的技巧方法，再通过对不同例文的分析让学生对相关知识加深理解，在此基础上就可以指定特殊写作对象让学生模仿写作等。

第二节 基于问题的信息化教学模式

一、基于问题的信息化教学模式概述

（一）信息化教学模式的含义

信息化教学模式是在人们通常理解的教学模式上增加一个信息技术支持的概念，是指在教师的指导下以学习者为中心的学习。学生发挥个人主观能动性，在大脑中对信息进行深度加工，以获取个人的认知结构，教师只起帮助、引导与促进作用。该模式由学生、学习环境、教师、教学信息这几个因素组成。

从文化角度分析，信息化教学模式具有如下基本特征：学习目的注重学生的潜能激发、能力发展以及自我完善；资源形式多样，参与范围扩大；身份转变明显；学习动力从外在获得转变为自主自发，有利于培养学生的高阶思维能力。

（二）信息化教学模式的分类及特点

目前，国内外有很多教学模式产生，较为常见的有基于项目的学习、基于问题的学习、基于案例的学习、基于资源的学习、探究学习、个性化学习、操作与练习、虚拟学伴、协同实验室、情境化学习、协作学习、认知工具、虚拟学社等。随着教育信息化的不断深入和发展，新的信息化教学模式将会不断涌现，构成更加丰富有效的教学模式群。针对我国目前的教育现状，信息化教学模式可分为以下三类：授导型信息化教学、探究型信息化教学、自主型信息化教学。

授导型信息化教学按传统教学模式的过程进行，但与之又有差别。在传统教学模式中，学生处于被动状态，以教师为主体。而在授导型教学模式中，教师的主体地位有所下降，仍以讲授为主，不单纯进行灌输式教学，更加注重对学生的引导。在整个教学过程中，教师不断引导学生发现问题，独立思考，最终解决问题。这种模式下，教师的引导最为重要，没有好的引导，学生的思想会成为“脱缰的马”，例如，课堂讨论，从问题的提出到解决，必须有教师很好的控制。

探究型信息化教学模式强调以学生为中心，采用小组讨论的方式来学习相关的知识，通过信息技术的资源和这种交互的优势，培养学生协作学习的能力，培养学生发现问题、解决问题的能力，不仅提升学生的内在素质，还提升学生的外在技能。学生可以自主控制和管理自己的学习。教师则是学生学习的组织者、辅导者和监督者，主要任务是构建学生自主学习的环境并制定适当的教学策略。该模式强调评价的多样性和非量化性，主要采用过程性评价，此外兼顾学生间的互评以及学生自评。典型的有 Web Quest 教学模式中基于案例的学习、基于问题的学习、基于资源的学习等。

自主型信息化教学模式要求学生学习前自主确定学习目标，制订学习计划，做具体学习的准备，包括自我监控、反馈、调节、检查、总结、评价、补救等过程。学生是学习的主人，教师则是简单的引导者，学生有问题可以找教师询问。常见的自主型教学模式主要有任务驱动型模式、基于项目的学习、基于问题的设计等。

教学模式都是经过许多人的实践，由专家或者专业人士总结出来的，只代表大多数人的教学经验和过程，并不代表所有人的。所以即使选定了一个教学模式，也不一定完全按照既定的步骤实施，在实践教学中，教师可以根据自身的特点选择合适的信息化教学手段，在探索中不断前进，逐渐提高自身的教学水平。

（三）信息化教学模式的运用策略

信息化教学模式的运用核心在于利用信息化教学环境与平台，在实现双向互动式教学、增强教学展示效果的同时，实现学习效果的及时反馈与教学过程的动态生成，让学生积极主动、高效地参与到课堂中，真正实现以学生为主体的智慧教学，支撑起整个项目学习过程的信息化环境、平台、工具与资源，在项目规划、项目实施、项目成果形成以及学习延伸和能力拓展等环节起到积极的作用。在探究前期，教师利用互动系统的文件传输功能分发情境问题与数据，使学习小组进入问题情境，明确探究任务。

（四）基于问题的信息化教学模式的含义

基于问题的教学是把教学与学习置于复杂的、有意义的问题情境中，通过让学生以小组合作的形式共同解决复杂的、实际的或真实的问题，来学习隐含于问题背后的科学知识，发展解决问题能力的一种教学与学习模式。基于问题的教学模式有三大基本要素——问题、学生和教师。基于问题的教学模式与传统教学模式相比，在教师、学生、教学策略以及评价方式等方面都发生了变化。

学生积极主动地进入学习环境，进行单元问题求解，从而实现对知识的意义建构。同样，教师不再只是知识的传授者，更多的是通过提出问题引发思考，并且监控学习。而基于问题的信息化教学模式区别于其他信息化教学模式，在于教师以问题为中心组织教学并作为学生学习的驱动力；教师提供问题情境，并作为合作研究者参与学习过程；学生综合并建构知识，提出解决问题的方案，在解决问题的过程中获取知识、习得能力。

二、基于问题的信息化教学模式的设计

学生的探究活动是在教师预先设计好的具体步骤中展开的。学生需要学习的新知识，不是由教师直接抛给学生，而是将所要学习的新知识隐含在一个或几个问题之中，学生通过对所提供的问题进行分析、讨论，明确这些问题大体涉及哪些知识，需要解决哪些问题，在教师的指导、帮助下找出解决问题的方法，经过探究，最后通过问题的完成去实现对所学知识的意义建构。

学生通过探究活动获得新知识并培养能力。探究教学不是先将结论直接告诉学生，再通过学生上机加以验证，而是让学生通过各式各样的探究活动，如观察、调查、制作、收集资料、上机设计等亲自得出结论，使他们参与并体验知识的获得过程，建构起对知识的认识，并培养科学探索的能力。

基于问题的探究式教学注重从学生已有的经验出发。对学生认知理论的研究表明，学生的学习不是从空白开始的。已有的经验会影响现在的学习效果，教学只有从学生的已有知识和生活实际出发，才会激发学生的学习积极性，学生的学习才可能是主动的，否则就很难达到预期的教学目标。

该模式重视协作学习。在该模式中，学生常常需要分组制订工作计划，分组调查和收集资料，需要采取讨论、争论和意见综合等协作学习方式。基于问题的探究式教学模式重视形成性评价和学生的自我评价。该模式教学的评价要求高，如它要求评价每一名学生理解哪些概念，能否应用知识解决问题，能否设计并实施探究计划，能否独立完成问题，小组协商时参与态度是否积极等。要弄清这一切，单靠终结性评价验证是难以奏效的。该模式在重视终结性评价的同时，也很重视形成性评价，与此同时，还注重学生的自我评价和师生互评。

（一）信息化平台的选择

智慧教学环境下的教学设计依托信息化平台，以学生为中心创造智能化、个性化的教学情境，而信息化平台应用已进入一个相对成熟的阶段，且平台繁多，功能也有所差异，那么如何应用平台结合自身学科进行教学设计与应用就变得至关重要。以市场运营商的平台为例，有 PC 端的慕课、精品课程，移动端的学习通、云班课、雨课堂等。这些平台都有其自身的优势和缺陷，教师可以依据自己的学科特点，根据具体的教学要求、教学场景、教学内容等选择合适的平台。目前移动综合性平台因其方便快捷深受欢迎，在高校中普遍被使用。

（二）信息化平台教学设计

教学活动设计一般有探究性学习、研究性学习、主题性学习和协作性学习几种类型，即让学习者从探究中获取知识、应用知识、解决问题，以问题为导向，让学习者观察、查阅资料、实验，从而找到解决方案；以科学研究为依据，学生通过社会调查、收集资料、选题、制订研究计划、撰写研究报告来完成自主研究；以主题为学习的核心，围绕该主题对内容进行结构化学习；通过小组或团队的形式组织学习者进行学习。这几种类型究其实质，都是以学生为中心，以问题或主题为导向，通过各种学习方法进行自主探究和协作探究学习，学生是主动学习者，学习是一种过程性学习。这些类型的学习可以根据需要混合设计，通过在信息化平台上传课件发布问题，分组讨论、分组研究来实现。以雨课堂移动平台为例，探讨如何以问题为中心，依托信息化教学平台进行教学设计。依据教学设计的原理，教师在进行信息化教学设计之前首先要进行教学分析，教学设计是建立在教学分析的基础之上，根据教学分析的结果来设计相应的内容情景、过程等。

教学目标（学习主题、要求）分析，实质上可以理解为“是什么”，包含知识目标、能力目标、情感目标，根据培养计划和教学大纲要求来确定。教学内容（知识的分类）分析，实质上可以理解为“如何做”，包含陈述性知识（关于事物及其关系的知识，如事实、规则、事件等信息）、程序性知识（关于完成某项行为或操作步骤的知识）、策略性知识（关于“如何学”“如何思维”的知识，是调节自己注意力、记忆思维的能力的知识）。教学内容分析依赖于教师对教学内容本身的理解和把握以及教师自身的逻辑思维能力。学习者分析包含学习者的基础知识、认知能力、个性态度等。这在传统教学模式中很难实现，但可以通过智慧教学中的信息化平台得以完成，例如，在雨课堂中发布测试问卷来了解学生的基础知识水平；发布预习视频供学生课前学习，配备相关知识点的线上测试来探知学生的认知能力；推出主题讨论，初步熟悉学生的个性和态度，通过这些课前活动可以得到相关的数据，为教师的教学设计提供有力的依据。

信息化平台教学设计是依据前期教学分析的数据，进一步地进行学习情境设计和教学活动设计。学习情境对学习活动起到一种支撑作用，学习情境设计必须在学习活动设计的基础上进行，而不同的教学活动可能需要不同的教学资源和不同的认知工具。其实质是在特定的教学环境中，以问题为中心，设计相关的学习资源，根据不同的资源选择不同的认知工具，开展各种类型的教学活动。

学习资源中主要的组成部分是学习问题（疑问、主题、项目、分歧），通过回答问题、完成项目、解决分歧来达到学习目标。学习问题可以通过主题讨论、项目小组合作、案例分析投票等具体地开展教学活动。学习资源还包括学习参考资料（图书、视频等）、多媒体教学课件、范例等，例如，在雨课堂中可以插入免费的慕课视频、PPT 及范例等资源。认知工具设计有任务表征工具、知识建模工具、信息搜索工具、协同工作工具、绩效支持和评价工具。任务表征工具是对学习内容进行分析和组织，如数据库、概念图、电子表格等，即利用数据建模、图示、计算机化的数字记录跟踪系统的方式，使知识可视化和显性化、数字化；也可以利用不同的计算机软件（如 SQ LServer、Excel 等）完成知识构建并嵌入雨课堂 PPT 中。知识建模工具是以动、静态建模的方式，如思维导图，用图文将各级主题关系以相互隶属、相关层级等形式表现出来，将思维形象化、直观化，可以采用专门的软件如 MindMaster 完成导图关联到雨课堂中。协同工作工具是通过小组或团队的方式组织学习，有助于学习者交流合作，提高社会合作能力，如在雨课堂中可以小组讨论、小组互评、闭环交流等。绩效支持和评价工具是采用多种评价工具立体地进行评价，如雨课堂中的测验投稿弹幕、各类奖惩（加分、评语、课红包等）。

三、基于问题的信息化教学模式优化策略

（一）加大信息化教学管理力度

随着我国教育改革的不断发展，各领域对教育教学发展越来越重视，再加上信息化时代与信息技术的影响，各阶段的教育教学都加大了信息技术的教学力度，在课堂教学上积极采用多媒体引导教学，新颖的教学模式能够吸引学生的注意力，多媒体设备可把抽象的知识直观化，强化教学资源的整合与应用。对此，教师要发挥自身的引导作用，能够对教学内容与学生实际情况进行综合分析，对传统教学理念与教学模式进行优化、创新，不断激发学生的思维能力与自主能力，为高校整体教学质量的提升提供有利条件。同时，学校要给予大力支持，结合目前高校自身的教学现状全面分析，明确信息化教学目标，避免信息化教学与创新教学产生冲突，满足每位学生的学习需求。

例如，高校通过对自身教学情况的全面分析，改革与完善学生考核体系、管理体系；积极开展信息化教学活动，引导教师、学生积极参与，以原有教学情况为创新基础，加大信息化教学、建设的管理力度；利用信息技术建立档案管理库，确保教师、学生、教学资源等的完整性，并通过对各类信息资源的信息化管理，为学校招生、招师等提供重要信息依据，使各项工作都可在信息化管理平台中实施；全面提升高校管理工作的质量与效率，使学校、教师有更多的精力与时间对教学模式进行创新，不断完善教学管理体系，从而促进高校的稳定发展。

（二）积极采用信息技术教学方式

高校与教师应遵循“以学生为主体”的教学原则，积极采用信息技术教学方式，并与情境教学、实践教学、小组合作教学等综合应用，全面调动学生的积极性与自主性。只有学生亲身参与、学习，才能使学生真正感受到学习的乐趣，只有学生对学习产生浓厚的兴趣，才能自主学习、探究，不断提升自身的综合能力。以教材知识为教学基础，教师对学生进行引导、拓展教学，丰富学生的知识面，使学生掌握更多的信息技术知识，从而满足学生的学习需求。

例如，在高校的积极组织下，全体教师都参与信息技术教学方式的创新活动中，结合目前高校自身的教学情况全面分析，把教学内容、教学资料、教学方案等都发布到信息平台中，让学生可自主安排学习时间，对掌握不扎实的知

识进行自主学习，这在提升学生自主能力的同时，还可以促进学生的全面发展，为现代化社会培养更多复合型人才。

第三节　基于深度学习的混合式教学模式

一、深度学习与混合式教学

（一）深度学习的含义

深度学习是相对浅层学习而言的信息加工方式，是学习者能在理解的基础上，运用批判性思维客观地审视、选择性地接纳新的知识与观点，发现并建立新旧知识之间的联系，把它们有效地整合到原有的认知结构中，形成新的知识体系，并且能够将已有的知识迁移到具有差异化的新情境中的一种学习方式。

（二）混合式教学的含义

混合式教学又称混合（式）学习，是对传统面对面教学与远程在线学习深刻反思后形成的新的教学方式，最早在企业培训中兴起。有人认为混合式教学将传统面授教学与网络学习优势互补，既发挥教学过程中教师的引导、启发、监控的主导作用，又充分体现学生作为教学主体的主动性、积极性与创造性；有人认为混合学习是面对面教学和在线学习的结合，这一概念普遍被认可。混合式教学是为了让学生掌握所学的知识、态度和技能，将内容方法、媒体模式、环境等教学元素有机地融合起来，采用同步或者异步的方式，充分发挥教师的主导作用与学生的自学能力，以使学习效果最大化的教学模式。混合式教学的形式是多样化的，需要根据不同的学习对象、学习内容、学习需求和学习情境等进行混合教学，以达到最优的教学效果。当前，基于数字资源（微课、慕课、SPOC）及新型教学平台的混合式教学研究层出不穷，翻转课堂被视为混合式教学的代表。

（三）混合式教学模式的特点

1.教学方法与手段多样化

现阶段，高校教学方法与手段不再局限于传统课堂上的讲授、练习，而是贯穿于课前、课中与课后的多元化活动设计，将传统的教学手段与现代化教学手段进行有机整合。现阶段主流的教学方法包括翻转课堂教学法、课堂讲授法、案例教学法、讨论教学法、任务驱动法、拓展训练法等。教学手段以多媒体教学为主、传统讲授式教学为辅。例如，课前的线上学习预热，课中的 PPT 展示结合传统讲授，案例分析结合实物展示，提问互动结合线上操作、翻转课堂，课后的线上答疑与作业辅导等。

2. 教学内容深刻化与拓展化

随着经济社会日益发展，课本中有限的理论知识已然无法满足学生对专业知识的进一步理解和掌握。因此，混合式教学模式下的教学内容正在逐渐深刻化与拓展化，主要表现在三个方面。一是教材内容注重理论联系实际。与时俱进的案例的增加是这个阶段教学内容改革的重要特点之一。学生通过对实际案例的深度理解、逻辑厘清、理论应用与创新设计等环节提高自身的综合分析能力、实际应用能力与创新能力。二是教学内容从专业知识拓展至通识。从专业知识的逻辑体系出发，总结和转变出可以应用于任何领域的本领，完成基本素质培养与思维体系建设。三是思政与专业相融合。每个阶段主题的专业内容都会融合当下的思政主题，使学生在正确的价值观指引下，有方向、有目标地学习相关理论知识，有效、合理地运用专业技能，培养出高觉悟、高素质和高水平的新世纪人才。

3. 考核方式数据化与双向化

混合式教学模式的优势在于依托互联网平台将教学活动与学习活动进行量化与直观化，因此，对学生的考核方式也逐步开始改革。为了体现教学效果的过程性与生成性，传统的期中考试与期末考试占比较大的一次性考核方式正逐渐调整为双向的、分散的、可视化的、全方位的过程性考核体系，不仅要考查学生的学习效果，也要考查教师的授课效果，以便于教学调整与升华。例如，利用线上教学平台（超星、雨课堂）等可以实现教学数据的统计与分析，将教师的授课行为和学生的学习行为可视化，形成“教师—学生”双向课堂实效性评价体系。

二、基于深度学习的混合式教学模式构建原则

（一）让教学过程更具交际性

相比传统的课堂教学模式，基于深度学习的混合式教学模式更能增加课堂互动的有效性。根据不同的课型确定具体的教学目标，借助现代多媒体及网络技术，设置高效的互动环节，线上互动以弹幕和连麦为主，还可以使用线上公共平台讨论区，和除了班级同学以外的其他参加该课程的人一起进行沟通交流。在线下的课堂教学中，教师有时间设置更多的交际性活动，让学生在交际中熟练地掌握并运用知识。

（二）让教学方法更灵活多样

基于深度学习的混合式教学模式采用多种教学方法，以精讲多练为原则，可以在教学过程中实现图示法、直接法、陶冶法、实物展示法、全身反应法等多种操练方法。教师可以随机组合、搭配，灵活地使用多种教学方法。

（三）培养学生的自主学习能力

基于深度学习的混合式教学模式由两部分构成，其中线上的部分更多的要靠学生的自主性。课前线上视频资源教学的部分打破了信息不对称的局面，实现了教学资源的共享，弥补了资源不均衡的差距，能共享名师的教学课堂，也能提高学生的学习兴趣，激发了学生的学习动力，让学习者能更主动、更积极地探索学习，不会再把学习当成一种压力，在潜移默化中培养学生自主学习的能力。

（四）让评价方式更多元化

基于深度学习的混合式教学模式的评价手段打破了传统课堂中课堂表现加期中、期末成绩的单一的评价方式，使评价方式变得更加多元，包括学生的平台、资源利用情况、线上任务完成情况、在线测试情况、信息素养情况、创新精神、情感态度与价值观方面，也包括学生的课堂积极讨论情况、游戏参与情况、交际活动表现情况，还包括作业完成情况和期末考试情况。多元化的评价方式更符合当下以人为本的教学理念，重视人的个性和潜能的开发，是一种动态的评价过程。

（五）提高学生的信息获取、处理能力

在如今信息爆炸的年代，处理信息的能力是学生必备的技能之一，面对海量的学习资源，学生甄别和选取信息的能力就显得格外重要。比如，教师要求学生提前了解有关知识的内容，学生在网络上寻找相关内容时，如果直接将网上搜索到的信息进行利用，没有甄选信息就会导致学生本身抓不住学习重点。因此，有必要培养、引导学生选取有用的学习信息的能力。教师应做好引导、协助学生的帮手。这样长此以往便使学生形成更好的信息处理能力，以便培养自主学习能力。

（六）培养学生的合作精神

基于深度学习的混合式教学模式注重引导学生通过合作探究的学习方式解决线上学习中存在的问题，强调学生之间的协作，因此，在该模式的引导下，与传统教学相比，学生拥有更多的主动权，学生的团队协作意识有所增强，更有利于学生对知识点的内化吸收。课堂活动中更多的小组活动、小组竞赛和小组游戏，也可以考验学生的团队协作能力，培养学生的合作精神。这一模式注重引导学生通过互帮互助的形式提升自我，帮助他人，这也是学校德育的重要组成部分。

（七）实现学生的个性化学习

基于深度学习的混合式教学模式不再单纯地依赖传统的课堂教学，而可以增加在网络上的线上教学，让学生随时随地都可以听课学习，不会受到时间和空间的限制，还能将没有听懂的部分反复地听，根据自身的能力和水平决定听课的次数，控制学习的进度，实现个性化学习。学习形式也不局限在课堂里，传统的学习是在教师的监督下进行的，枯燥乏味的记笔记环节容易让学生对学习产生厌恶情绪。混合式教学的课堂更加注重操练，教师是引导者，学生是真正的主体，从而把课堂的主动权真正交到学生手里，这样才能真正开展以学生为中心的教学。

三、基于深度学习的混合式教学模式构建

本书将混合式教学分为准备阶段、实施阶段和评价阶段。基于深度学习的混合式教学准备阶段需要做的准备工作主要有规划混合式教学内容，了解学生学习情况，确定教学目标，进行混合式教学设计。实施阶段包括线上课前预

习、激活先期知识，知道、了解新知识；线下面授40分钟的课堂对知识进行深度的加工；课后进行个性化的线上辅导三个步骤。完成前面两个阶段的学习后，对混合式教学情况进行评价和反思，以指导下一阶段的学习。

（一）准备阶段

1.分析教学内容

对教学内容的分析应结合教材，这样才能清楚“教什么”以及“为什么教”。分析教材既要分析教材本身的文字内容，也要对其内涵和外延进行研究，这有助于我们对教学目标有更加深入的理解和把握。通过对教学内容的分析，教师可以发现难度较大的教学内容，需要学生的能力较强，那么就要选择合适的教学策略来帮助学生进行学习。采用基于深度学习的混合式教学模式能够把整体教学内容分布到课前、课中、课后三个环节中，这样的学习方式会对学生的学习有极大的帮助。教师只有经过认真地分析教材，才能清楚知识结构、把握重难点，有效地利用教学资源，进而思考对何种知识该采用何种教学策略。

2.分析学情

分析学情，即分析学习者的实际学习需要、认知水平和能力水平，从而更有效地实现教学目标。通过对学生的生理、心理特点进行分析，结合日常对学生的了解，教师能预测学生可能出现的问题，选择合适的教学方式，从而提高教学效率。教师要分析学生目前的知识掌握情况，知道在教学过程中哪个部分是需要讲授的，哪个部分是学生可以独立进行探究的。学情分析还要着重分析学生的学习特点和差异，据此设计基于深度学习的混合式教学各个阶段教学任务的广度和深度，从而实现促进全体学生进行深度学习的目标。在线上课前预习阶段，学生要先对相关知识进行复习，在预习阶段扫清知识障碍，这样就可以跟上正常的线下面授课堂的进度。学生已具备一定的自主学习能力，因此在本阶段，他们可以通过自主预习对新知识有一个大概的了解，知道相关概念，完成相应的预习任务。由于学生学习水平不一，因此在课后个性化学习环节可以设置不同梯度的选做学习内容，学习能力较强的同学在这一环节解决问题的能力可以得到进一步的提升；学习困难的学生可以在这个环节先对有问题的知识进行查漏补缺，待核心知识都掌握后，再进行进一步的练习，从而使全体同学先后达到教学要求，实现深度学习。

3. 确定教学目标

教学目标是实施教学和进行教学活动评价的重要依据。教学目标的设计要以课标为基础，在分析教学内容和了解学情后再进行设计。基于深度学习的混合式教学将教学内容分布在课前、课中、课后三个环环相扣的环节中。所以，笔者建议将目标分为两层。一层是总目标，即整个教学结束后所需达到的目标；另一层是各个环节所需实现的具体目标，即在课前预习、面授课堂、课后个性化学习的每一个阶段都设计具体的教学目标。因为深度学习并不是一朝一夕形成的，设计阶段化的教学目标有助于引导学生循序渐进地进行学习，从而最终实现深度学习。

4. 进行混合式教学设计

前面我们已经明确了学习内容、教学对象以及教学目标，接下来便是进行教学设计来落实教学目标。需要说明的是，课前、课中、课后是教学的整个连续环节，缺一不可。对于传统面授课堂这里不赘述，对于课前和课后的线上教学，要注意以下几点。

（1）创设安全且舒适的网络教学情境，学生能够在这个环境中随心所欲地进行交流、学习、评价。他们可以随时提出问题，也可以回答其他同学的问题，发表自己的看法。在这个过程中，学生们的学习主动性有所提升，也可以在讨论的过程中培养有效沟通的能力和批判性思维等。

（2）增加师生、生生之间的沟通互动，形式可以是语音、文字、图片等。在沟通过程中，要提高沟通的深度和广度，避免在线上聊一些不必要的话题，影响沟通的质量。学生们可能会在讨论区聊一些与学习无关的话题，这样会降低沟通的质量，浪费线上学习的时间，所以教师在线上要发挥监督作用，将学生的讨论引到学习上来。

（3）线上教学面对不同的知识要采用不同的教学方法，教师要根据教学实际选择合适的教学方法，增加学生的学习深度。比如，在课前预习阶段，引入相关教学视频，帮助学生理解相关概念及意义。

（4）线上教学的一大优势便是学生会随时留下学习的痕迹，那么在教学评估阶段，就不仅仅可以通过成绩来评价学生的学习，还可以通过参考学生观看视频的时长、频次，作业完成时长等途径进行教学评价。

(二)实施阶段

1. 线上课前预习

线上进行课前预习的目的在于教师通过提供教学资料，辅助学生复习与本节课相关的旧知识，为本节的学习扫清障碍，同时初步了解所学知识。另外，教师也可以通过学生预习任务的完成情况对其学习情况有所把握，从而在线下面授课堂有针对性地解决疑难问题。具体来说，首先，提高了听课效率，学生通过课前预习实现带着问题走进课堂，对于未解决的问题会渴望在课上得到答案，这样学习更有积极性且有针对性，学生对知识的理解也会更加深入。其次，可以扫除课堂学习的知识障碍，教学过程中很有可能存在着对旧知识掌握不清楚但是学习本节课需要的知识，因为无法在面授课堂中随时中断授课去回答某个学生的特殊问题，那么这部分学生就会跟不上课堂节奏。课前预习可以解决这个问题，使学生能够扫清知识障碍，跟上正常的课堂节奏。最后，线上课前预习可以促进学生自主学习能力的提升，有效改变学生学习被动的局面。

2. 面授课堂

面授课堂主要是教师根据课前对教学内容、学情、教学目标和学生预习情况的分析，解决预习环节中学生存在的主要问题，通过师生、生生之间合作探究、讨论交流突破本节课的教学重难点。学生通过预习收获了部分知识，再加上教师的指导，便可以在线下面授课堂中围绕有挑战性的任务进行讨论交流；班里学习困难的学生因为在课前预习阶段扫清了课堂学习的知识障碍，也可以跟上正常的上课进度。因此，在这个环节，教师就可以尝试将课堂交给学生，组织学生合作探究、解决问题、汇报学习成果，教师在这个环节主要起到引导启发的作用，从浅到深地提出问题，指导学生进行学习。学生在这个过程中不仅能够学到新知识，还可以培养发展性思维，提高其创新能力。

3. 课后线上个性化辅导

每个学生个体在各个方面都存在差异，混合式教学的线下教学目的在于针对不同程度的学生设计不同层次的教学内容，力求使每个学生均能通过努力取得成功，使全体学生的能力都能得到充分的发展。这一环节的顺利实施依赖于教师了解学生知识的薄弱点以及学习能力，做到有针对性地为各个水平的学生提供适合其自主学习的资源，对学生的了解可以通过课前预习情况、课上学习表现、课堂检测等方面进行。在课后个性化学习阶段，知识掌握较好的学生可以提升解决问题的能力；能力较为薄弱的学生可以在这个阶段先进行查漏补缺，再利用其他时间通过线上学习等方式进行更高水平的学习。学生通过这样的系列学习能够学会发现知识之间的联系了，形成迁移，学会自我提问，先后达到课程标准的要求，从而促进深度学习，逐渐掌握深度学习的方法。

（三）评价阶段

对基于深度学习的混合式教学的学习效果进行评价，可以采用过程性评价方法。线上学习使学生的学习留下了痕迹，因此，过程性评价可以依据学生在线学习的时长，习题完成的准确率，讨论的频次、质量等进行客观评价，面授课堂根据学生的参与度、学习态度、合作探究情况等进行主观性评价。评价阶段以学生为中心，采用客观评价为主、主观评价为辅的方式进行过程性评价。

四、基于深度学习的混合式教学模式优化策略

（一）提供丰富的教育供给，激发学生内生动力

利用混合式教学模式实现因材施教的重要手段之一就是通过丰富、超量的教育资源供给，让学生能够在教学资源中自主选择课程。针对课程核心素养的要求，课程可以问题、兴趣等为导向，形成有效的任务链，所有的学习任务都由学生亲自参与和体验。教师通过线上前导与线下跟进，引导学生独立思考、合作研究并解决问题，帮助学生提升自主学习的动力；将学生个性发展作为教育资源开发的着力点，开发多样化的教学资源，促进学生成长。教育供给中课程资源的建设是实现泛在学习的关键，尤其注重资源的丰富性、适切性及易用性。为实现有效教学，从现实学习的需求出发，需要从线上学校、课程资源、认知工具三个方面构建学习环境。鼓励教师和学生共同建设课程资源，教师在整体教学计划的框架下，重点开发项目学习等方面的优质资源，并在教学过程中根据学生的疑难困惑，提供有针对性的资源，积累有序管理经验，使课程资源不断完善。

数字化教学资源是混合式教学高效开展的保证，可以在促进教育信息化的同时为广大师生获取资源提供便利。目前，数字化课程资源建设、优质教育资源共建共享等已成为高校教学资源建设的主流业务。数字化教学资源建设的核心内容是微课资源建设，还包括与该教学主题相关的教学设计、素材课件、教学反思、练习测试及学生反馈、教师点评等辅助性教学资源，以一定的组织关

系和呈现方式共同营造半结构化、主题式的资源单元应用“小环境”，供学生自主学习探究，激活数字原住民运用互联网学习的内在驱动力。学校可以通过自建、引进或共建共享等多元协同方式推动资源库建设，推动混合式教学模式广泛展开，革新教学教研方式，推动教育信息化发展。

（二）构筑无边界学习场域，拓展学生成长空间

学校根据课程标准，以立德树人为根本任务，以不变的学习追求来整合线上线下的场景，形成泛在学习场域，由学生掌握交互工具，形成多向的学习接口，使学生在无边界的学习场域中成长。学校应构筑多元学习场域，为学生成长的无限可能探究落地的有效方式，努力满足学生成长的多元诉求，突破学生成长中的真实世界与虚拟世界、直接经验与间接经验、显在效应与潜在效应的界限，让学生在无边界的空间中主动选择，积极成长。

需要注意的是，教师信息技术能力应有一定提升。笔者在对技术与教学整合的研究中发现，人们大多重视技术本身，对如何进行教学整合关注较少。整合技术学科教学知识（TPACK）框架，是基于教学内容提出的。该理论由技术知识、学科知识、教学法知识相互作用形成，三者整合才是有效的教学方法。随着信息技术在教育教学中的应用，互联网时代的优秀教师不仅需要具备扎实的专业知识，检索网络前沿知识的能力，会运用 PPT、录屏软件、微课制作软件、动画制作软件，而且要具有大数据分析能力，整合技术、内容和教学三个因素的协调能力。因此，学校应充分发挥整合技术学科知识的指导作用，开展相关课程，对教师进行培训，帮助教师进行基于 TPACK 的教学设计并将其整合到课堂中去。

第五章　现代高校教学模式应用

第一节　翻转课堂教学模式应用

一、翻转课堂教学模式的内涵与特征

翻转课堂是一种技术支持下的信息化教学模式，传统意义上的翻转课堂是视频取代面对面授课，学生在课堂上有更多自主时间与教师参与关键学习活动，之所以叫翻转课堂，是因为过去的讲课已经可以通过授课视频由学生在课下完成，而过去的课后作业却被拿到课堂上完成。不难发现，翻转课堂的实质就是一直倡导的“先学后教”“先练后讲”“以学定教”的教学方式，是一种直接指导和建议式学习的混合模式，这种模式增加了学生和教师互动和个性化沟通的方法，使学生能够在自主学习的环境中学习探究，教师不再是讲台上的演讲者，而是身边的导师。翻转课堂的内容可以永久保存，以供查阅和修正，所有的学生都能参与到学习中，并接受个性化教育。

作为一种新的教学模式，翻转课堂引来了各方的关注。然而，想要真正开展这一模式，需要技术的支持和观念的改变。例如，美国可汗学院将翻转课堂演绎得非常出色，为我们提供了非常优秀的案例。从可汗学院的教学视频中可以发现，翻转课堂的教学视频时间短，页面以录屏为主，讲解的过程中有错误的地方可以擦掉修改。亲切自然、条理清晰，这是很多教师都具备的素养，但有时太在意视频的精美而忽视了亲切，这样便提高了视频制作的门槛。

总之，翻转课堂是通过转变教师的教学理念，借助现代网络信息技术，将

教学流程进行颠倒，把知识的讲解识记环节放在课前，学生根据视频进行学习，对课上时间进行充分、高效利用，教师引导学生进行分析交流、解决问题，从而使学生完成知识内化的一种教学模式。

二、翻转课堂教学模式的构建

（一）翻转课堂教学模式构建的指导思想

1. 打破辅助与主导的关系

总体来看，为了实现双教学形态共同运行，翻转课堂颠覆了传统课堂教学的理念，将教学的关注点由过去的知识转移到高阶能力的培养。在课下与课堂两个环节，一般认为课堂环节占据主导地位，课下环节处于辅助地位，而且预设了课下单纯知识传授的合理性，这就给研究课下创新教学设置了天花板。在课下环节，一是由浅层次知识掌握转向深层次知识学习，改变知识机械掌握的固有认知，从知识内在阐释的深度、外在联系的广度上进行深化；二是由指定资源的简单学习转向发展性的自我调节学习，充分利用网络环境特征，引导学生进行自我计划、自我监督、自我反思的深度循环学习；三是由无序组织的学习转向形成网络教学新常态，以新冠肺炎疫情期间网络教学为转折点，使课下网络教学成为翻转课堂教学的增益动力源。

2. 打破课下与课上的藩篱

翻转课堂教学能够实现数据赋能的双向联通，由于在课下已完成了知识传授的任务，这就为课上教学阶段预留了发挥空间，课上教学成为创新教学的主要着力点。在课堂教学进行提质增效的同时，课下教学的效益并没有得到显著发挥，主要体现在课下教学作为课前教学起点性的支持作用没有发生根本改变，课前与课中尚未形成有效的联结机制。现代技术的显著特征是开放、互联，伴随大数据在教育领域的深度应用，互联网和大数据共同架起了翻转课堂课前与课中深度联通的桥梁。首先，学生课前在平台上的学习轨迹可以实现全过程记录，不仅能够反映学生的知识学习情况，还可以通过数据挖掘和学习分析技术全面展现学生的多元能力，实现与课堂教学的无缝对接。其次，学生在课堂学习的多模态数据可以全景式捕获，数据类别涵盖认知、行为、情感、生理等，通过智能挖掘与分析，在以可视化形式服务于师生的同时，还可继续与下一个课前学习建立深度关联。因此，翻转课堂课前、课中数据流动形成优化循环，数据赋能使翻转课堂课前、课中教学空间无缝联通。

3. 打破教学与空间的边界

翻转课堂可以打破教学与空间的边界，能够实现两者之间的相互关照。翻转课堂既是一种具有指导意义的教学框架，需要通过不断优化教学设计发挥教学作用，同时从课堂的范畴去考量，翻转课堂也隐含联合体的意蕴，需要综合考虑课堂建设问题。如果仅从教学的层面进行设计，翻转课堂发挥效能的范围就会受到限制，同时发展创新的空间也将会被挤压。在现实中，翻转课堂仍然主要围绕教学进行研究，涵盖课时、学科、课型、场景等，造成翻转课堂教学设计的可操作性空间在收窄，程序化的步骤在增多，研究的创新驱动力在减弱，实践推广的效益预期也在递减的现象。

发挥翻转课堂的示范效益，仅局限于原有各种课堂设置的环境，显然产生的效果将会比预期大打折扣，这就需要从构建的本源视角厘清翻转课堂的内在意蕴，一方面在理论上找到创新发展的突破点，另一方面在实践上产生示范的可推广价值。关键是处理好教学、技术与物理环境的关系：一是坚持以翻转课堂教学需求为主的内生式发展，即以翻转课堂创新发展的理念作为课堂技术选用、物理环境改造的根本原则；二是注重技术创新发展的主动推动效应，即以开放包容的心态应用新技术，允许新技术的超前探索性应用；三是加快教育领域新基建的迭代赋能，有效支持翻转课堂进行持续理念创新，满足新技术应用的标准要求。

（二）翻转课堂教学模式的教学设计

扎根理论是研究者的普遍选择，是一种致力于生成理论的研究方法。为系统推进翻转课堂教学改革以促进并培养大学生高阶能力，本书将传统的翻转课堂教学模式结合扎根理论，将课前准备和课堂学习两个教学阶段细分为五个环节，并对每个环节进行有针对性的设计。

1. 课前知识学习

在这个阶段，扎根式翻转课堂是建立在一般翻转学习基础上的，即通过学习慕课知识或学生自学，建立起针对问题或任务的课程知识基础。与一般的翻转学习相比，扎根式翻转课堂更强调研究型学习或特定问题导向的解决方案，因此在设计慕课资源时强调知识讲解与问题解决示范相结合。慕课资源建设需要结合具体问题进行简要讲解并积极引导，培养起学生相对基础的问题解决意识和解决问题的基本知识。教师可以针对学生慕课学习中的难点、疑点，及时进行答疑和交流。

在教学实践过程中，扎根式翻转课堂倡导将一般翻转学习中的知识习得导向转换成问题解决导向，即在课程导论环节就明确提出“按照特定要求解决特定问题”的学习目标，指出掌握解决特定问题的方法对学术训练和职业发展的直接意义，帮助学生建立“面向任务开展学习—到任务环境中增进理解—在个体和小组两个层面应用知识解决问题—在班级层面通过集体研讨形成系统性解决方案”的扎根式学习机制。同时，在学习过程中纳入小组学习，每个人都需要为小组完成特定的课程作业任务，为小组汇总并开展有效研讨活动奠定基础。

从实际效果来看，这种将知识习得根植于问题解决过程中的扎根式翻转学习机制，有效地解决了传统知识学习的目标单一性和学习体验感不强的问题。传统学习模式主要是理解特定知识并形成有效记忆，而扎根式翻转课堂学习更侧重面向问题应用并反思知识，在解决问题的过程中建立起对知识获取和创造性应用的学习成就感。一些学生还可以在问题的解决过程中，通过不断进行慕课回放并与教师和同学沟通来增进对课程知识的进一步理解。

2. 个体任务准备

DT、PBL 等高阶能力导向教学模式或多或少地都存在学生个人准备不足或难以有效掌握准备技巧的问题。PBL 教学模式中很容易出现面向问题准备的偏差性，即个人对问题和知识的理解偏差导致针对问题的准备本身也出现偏差；研讨教学模式很容易出现极端的个性化倾向，甚至为了鼓励学生参与而不得不接纳任何观点；任务式教学模式则很难解决好态度消极的学生的参与问题。上述这些教学模式都存在因为个体理解不同而导致学生准备不当等问题，也很容易在团队或小组学习模式过程中出现个体或团队冲突，比较常见的有“社会惰性”和“英雄主义”相互交织的问题。

与上述教学模式相比，扎根式翻转课堂设计是建立在扎根理论的归纳思维逻辑基础上的，即整体课程包括创造性观察与思考、开放性观察与思考、建构性思考与整理等三个基本逻辑过程。学生个体任务准备阶段是个体进行创造性观察与思考的阶段。该阶段主要是激发学生的主观能动性：首先，每名学生需要针对问题或任务进行资料准备，或者通读教师课前提供的案例材料，或者通读个体或小组收集到的规范材料，从个人角度出发，形成对问题、现象或材料的最直观感受；其次，基于个体的知识和学习进行创造性思考，独立自主地探索解决问题的方案；最后，把个体的创造性思考表达出来并形成文字资料，为进一步的课堂讨论做准备。

在进行个人任务准备时，扎根式翻转课堂要求学生在对现实和资料进行客观性观察与思考的基础上完成任务，强调全面观察和整体分析，培养学生掌握如何面向实际情况进行观察和思考的基础技能。这种个人准备更尊重学习者本身尚不成熟的客观事实，采取建构主义特征的探索式准备策略，充分发挥学生个体的创造能力。

3. 小组方案研讨

扎根式翻转课堂小组研讨阶段的首要任务是对小组成员的文本资料进行分析和整合，包含概念化归纳和范畴化提炼两项工作。根据扎根理论，这两项工作是探索问题解决方案的关键环节。概念化归纳是指针对组内成员的所有个体文本材料进行小组研讨，形成对所研究问题或任务的开放式观察和思考。这一阶段主要是从个体的原始方案出发，通过组内研讨的方式贴标签和提炼概念。此阶段要求学生尊重原始资料，在分析时从事实本身出发，尽量避免主观臆断和过度解读，既不要漏掉任何内容，也不要担心观点重复。

在概念化归纳过程中，学生需要通过对初始资料不断讨论、对比与总结，进行全面分析和提炼。这些概念是认识问题和解决问题的思路原型，因此需要避免学生产生个人方案守护的防御心态，建立更合理的认识要点来为集体学习和问题解决作出贡献。资料撰写人就在组内参与讨论，在遇到分歧时要提醒学生充分尊重作者本人的意见。在学生完成上述讨论之后，各组都会形成一定数量的概念（各组之间可能会存在重复）。教师要随时观察学生的讨论进度和讨论结果，推动学生按照规则进行讨论。

在概念化归纳的基础上，还需要进行范畴化提炼。各组学生按照“分类整理、分层区分”的基本原则，对概念进一步归类和提炼。这一过程是将个体理解转化为集体智慧的重要阶段，通过运用课程知识和相关知识将所形成的概念进行分类处理，有助于形成更抽象的范畴清单。每个范畴包含一个或几个概念，在特定范畴下的所有概念具有类属相似性，不同范畴之间具有较为明显的知识属性差异，这样就可以在小组成员的共同努力下建立起对材料或现象的相对理性化的分析。

传统 PBL 教学模式和研讨课通常要求学生的课堂准备具有创新性或系统

性，创新性要求具有个性化思维优势，系统性要求具有整体性思维优势。两种能力指向本身具有个体差异性，形成了相应的学习能力门槛，或多或少地产生了课堂学习“强者越强、弱者越弱”的不均衡现象。扎根式翻转学习是针对这一问题的学习机制创新，提倡通过对个体文本的开放式观察和思考来确保每个学生的意见都能够得到尊重和理性分析。在材料讨论过程中，每个人都有机会同时扮演评价者、建议者和贡献者，让每个学生都有机会得到更多元的问题解决技能锻炼，有助于真正消除高阶能力教学中的学习能力不均衡现象。

4. 系统方案呈现

DT、PBL 教学模式虽然也会要求学生提供问题解决方案，但是因为学生撰写经验不足，通常会导致所完成的方案文本不够完备，而这又会进一步导致教学进程受阻，教师不得不占据主导地位并采取鼓励式评价方式。对学习有效性的研究表明，鼓励式评价往往会影响学生真正获得相关技能和知识，因而真正的高阶能力教学需要在个人和小组方案准备方面也实现翻转。扎根式翻转课堂的方案设计环节立足于在范畴化提炼的基础上进行主题化处理，将形成系统方案这一过程建立在个体和小组的讨论基础上，并集合全班的智慧进行探索式的理性思考。因此，这一过程呈现出团队合作学习的典型特征，是引领学生从经验化向理论化迈进的关键阶段。具体步骤：一是在范畴化基础上再次进行整理和提炼，形成知识边界清晰的若干主范畴；二是对主范畴之间的逻辑关系进行深度总结与探究，讨论其中存在的作用机理；三是尝试构建问题解决方案的逻辑模型，并用科学规范的语言描述其解决步骤。

在问题解决方案的呈现上，传统模式重点要求阐明“是什么”，而扎根式翻转课堂则进一步强调呈现“怎么做出来的”。传统模式在方案报告设计上遵循“现状分析—问题提出—解决思路”三段论，受报告人表达能力强弱的影响很大。而扎根式翻转课堂倡导从现象到本质的过程性报告，要求将概念化处理、范畴化处理、主题化处理等三大过程呈现出来，即重点报告解决方案是如何按步骤形成的、方案框架构成要素的选取原则、主题之间的逻辑关系和作用机理。这种方案设计方式避免了“表达比内容重要”的普遍问题，能够更有效地集合个体和小组的实际贡献，实现对全体参与者的积极评价和认同。

5. 集体方案研讨

系统方案的呈现既可以全班学生共同进行，也可以各小组分别进行。如果是前者，则在系统方案形成之后，讨论就宣告结束，此后，教师可以基于教学内容与知识点，结合所构建出来的模型进行课堂总结，帮助学生完善系统性的知识体系；如果是后者，教师则可以进一步带领全体学生对各组构建的模型进行梳理，总结各组思维框架和内在逻辑的共性与差异，再在各组方案的基础上构建一个可被全班学生接受的统一模型，凝练统一主题，完成主题化过程，此后方可进入课堂总结环节。

扎根式翻转课堂的程序性及其标准化设计是实现有效研讨的有效保障。首先，当一个小组汇报时，其他小组均作为专家参与研讨环节，角色转换既丰富了学生的思考视角，又增强了学生的讨论贡献；其次，学生们在参与研讨时依然遵循客观性和全面性原则，对有益建议进行类属区分和整合，有效地避免了研讨过程中的个体防御现象；最后，扎根式翻转课堂的教学程序和标准是客观的，每个学生和小组都按相同程序和标准开展工作，因而所有学生都能够比较理性地扮演评价和建议角色，为其他小组所完成的工作作出专家式贡献。

通过上述过程可以看出，借鉴扎根理论的分析逻辑和操作技巧，对课下和课堂的五个学习环节的翻转学习设计，可以把个体自主学习与组内讨论、组间讨论结合起来，把创造性思维、开放性思维和系统性思维结合起来，形成一个更具建构主义的创新思维和研究过程，让学生掌握从现象观察、概念提炼、范畴归纳和主题建构的一系列研究方法，较好地解决了传统高阶能力教学模式中的相关问题。

（三）翻转课堂教学模式的教学实践

1.情境创设：问题的确定

在确定教学目标和翻转导向后，教师应创设更具问题导向性或任务导向性的研究情境，因此，在课程的一个教学环节中，教师应提出问题，引导学生探索解决方案。提出的问题应既具有较为丰富的现实基础，也要与学生生活体验有较强的相关性，比较容易获取来自网络和文献方面的丰富资料。

2.课程资源设计：基础培训并提供相关工具

为了进一步创设扎根式的研究情境并训练学生的研究和思维能力，课程提供的资料包括以下三类：一是案例资料，包括典型访谈记录案例等；二是相关的学习资料，如图书、期刊文章等；三是进行扎根式研究的程序性表格；四是用扎根理论开展研究的典型文本。

教师在导论课和慕课环节介绍方法论，利用网络、数据库、图书馆服务等进行资料收集的具体方式，以及评价所获取资料的可靠性和适当性的客观标准，便于学生检索并获取相应的资料。

3. 学习过程设计：两阶段分析训练

不同于传统研讨课中给定题目的三段论写作，扎根式翻转课堂的个人方案准备要求学生通过学习慕课资源或阅读指定案例，自主获取资料。在创造性思考和规范化讨论的基础上，学生按照“从现象到本质”“在观察中渗透思考”的思维原则和操作规范，完成对给定题目的概念化和范畴化分析过程。这种程序性的扎根分析方式，要求学生到案例和相关资料中去探索和发现，建立从现象识别到观点提炼的思维框架。

学生在学习过程中接受程序化的分析训练，对应形成两个阶段的学习成果：第一阶段的分析训练侧重对案例及资料文本的思考、分析与呈现，进而形成概念和范畴，是理解性提炼；第二阶段的分析训练鼓励学生进行逻辑梳理和系统性知识建构，是建构性训练。在这两个阶段内，学生分别完成创造性思考、概念化文本、范畴化文本和主题化模型。这种分阶段、鼓励反思的分析过程符合从理解到建构、从发散到收敛的创造思维过程，能够逐层递进地训练学生的知识吸收和研究能力。

4. 学习过程总结：协作学习环境与学习效果评价

在学习效果评价方面，可以采用教师评价和朋辈互评相结合的方式。由于扎根研究本身的规范性，朋辈互评侧重理解他人的研究程序和研究原则的实施情况，并进行分析和补充，使每个学生都能够掌握适当的评价与建议技巧。

三、翻转课堂教学模式的优化策略

（一）翻转课堂教学模式对学生的要求

1. 重视课前学习，认真完成作业

课前作业对课前学习十分重要，课前学习又是翻转课堂教学的开端部分，所以十分重要。大部分课前作业都是观看授课视频以及完成对应的练习题，课前作业完成质量的好坏，直接决定着教学进展的快慢，因此，学生需要认真、及时地完成课前作业。

2. 课堂活动要积极，小组讨论要活跃

在翻转课堂的教学模式中，课堂活动是极其重要的部分，集中体现了现代教学法提倡的“以学生为中心”的教学原则。该教学模式倡导成立多人学习小组，对学生在课前观看视频、完成作业的过程中碰到的疑难问题进行讨论和解答，在生生讨论、师生交流中学习知识，增进自身能力。

3.课后复习要及时，勤学善思会长进

温故而知新。在经历了课前学习和课堂操练之后，大部分同学已经对新知识有了不同程度的理解，但是想让自己的专业水平得到更长远的发展，还需要及时复习，把短时记忆变为长时记忆。翻转课堂教学模式为学生们提供了更为便捷灵活的复习通道，不管是教师的讲授视频还是同小组同学的讨论都可作为复习渠道。

（二）翻转课堂教学模式对教学方法的要求

1.课前明确教学内容的适用教学方式

翻转课堂教学模式需要教师提前制作教学视频，知识的学习是在课前完成的。但视频教学并不适用于所有的教学内容，教师在备课时应做好甄别，把不适合通过视频教学的部分摘取出来，放在课堂上进行讲解。

2.课中区别化提点学生

翻转课堂教学模式的优点之一是把知识内化放在课堂上进行，教师可以为学生的知识内化提供指导。但学生的性格不尽相同，有些学生比较内敛，不善于甚至害怕和老师交流，若强行指导可能适得其反。此类学生可以鼓励他们在小组合作中完成知识内化。

3.课后跟进学生作业进度

翻转课堂教学模式的优势之一是增加了学生的发言次数，给学生提供了更多意义性操练的机会，这很大程度地反映在课后作业上。教师应及时跟进学生课后作业的完成情况，再次上课时对意义性操练情况进行检查，保证翻转课堂教学模式教学效果的最大化。

4.促进智慧教学与在线教学深层次交互融合

在智慧教学中，一是要充分运用技术媒体优势，探索在课堂教学中如何最优化地应用软硬件工具，避免工具的形式化应用和过度应用；二是要特别关注互动工具的开发与使用，注重将各种智能化形式的互动方式引入课堂教学；三是要形成开放、泛在、灵活的教与学情境，消解程式化教学带来的师生心理空间隔离。在在线教学中，一是要创新资源建设的服务模式，将其发展为增强教学效果的创新突破点；二是要运用虚拟现实、物联网、云计算等新技术升级传统课堂空间，打造创新性的网络翻转课堂教学空间，与课前教学无缝对接；三是要关注教师和学习者终端一体化建设，形成成熟的软硬件配备模式。

（三）翻转课堂教学模式对教学环境的要求

成功开展翻转课堂活动需要相应的环境条件作为物质基础，需要学校丰富软件资源，配备更加齐全的硬件设施。

1.建设适应未来翻转课堂教学的教室环境

教室是开展各种教与学活动的空间，国内外学者对未来教室的内涵给出了不同的理解，知名高校和研究机构也纷纷设立未来教室创新中心。未来教室环境建设既要关注价值取向及功能特征，也要进行具体环境设计和调研进行实际构建。因此，学校需要构建专门的翻转课堂教室环境，并以此为依托深入探究未来教室建设的路径。未来翻转课堂教室环境特征：智能集成先进的软硬件技术，以翻转课堂内生需求为导向进行软硬件设备开发；动态搭建适应不同具体实践模式的环境布局，增强翻转课堂教室空间的灵活适应性；持续借鉴国内外智慧教室建设经验，阶段性创新升级翻转课堂教室环境建设层次。

另外，需要配备硬件设施的主体是教师、学生和学校。教师需要配备能够上网的移动终端、麦克风、摄像机器等；学生需要有能够下载社交软件和进行视频学习的智能手机或电脑等终端设备；学校需要配备多媒体设备、条件优良的教室、可以保证教学过程顺利进行的图书馆资源、全覆盖的校园无线网络等。

2.发展基于学习分析技术的资源服务

学习分析被称为推动教育技术变革发展的第三次浪潮，国内的研究集中在模型构建方法工具、技术支持和应用研究方面。学习分析的技术与工具主要包括话语分析、可视化分析和视觉追踪；学习分析的典型案例包括互动分析方面、预测与评估方面和个性化教与学方面。基于学习分析技术建构面向翻转课堂的资源服务体系内容：资源的服务建设理念体现在资源的组成、整合、推送和进化等方面；建构与学习者学习相匹配的资源服务模式，实现资源服务与学习者的学习最优化匹配；建构与教师教学过程相匹配的资源服务模式，实现教师对教学过程的适时有效干预。

软件资源不仅包括优质的教学资源，还包括良好的教师素质。翻转课堂教学模式对教师素质要求较高，不仅要求教师有扎实的专业基础、敏捷的随机应变能力、保证教学流程顺利进行的组织力、优秀的视频制作能力，还要求教师有一颗关注学生本身、因材施教的心。学校需要对相关教学资源进行整合，将各个地方最新的教育资源与本校实际教学案例相结合，建立本校的资源数据库。

第二节　智慧课堂探究式教学模式应用

一、智慧课堂与探究式教学概述

（一）智慧课堂的内涵与教学要素

1.智慧课堂的内涵

智慧课堂的内涵是从智慧教育的理念衍生而来的，是智慧教育落实于课堂教学中的结果。对于智慧课堂的概念，不同的研究者有不同的看法。比如，祝智庭等认为，智慧教育就是要培养学习者的学习智慧，以信息技术的力量作为支撑条件，充分利用信息技术的特点创建智慧型的学习空间环境，来促进学习者全面、协调、可持续发展。① 笔者认为，智慧课堂的本质是采用信息技术来完善传统的课堂教学，通过信息技术让教与学变得更加智慧化，根据学生的特点帮助学生提升学习水平。智慧课堂作为全新的课堂组织形式，能够更好地解决学生在学习过程中所面临的问题，实现信息技术和现代教育的有效融合，优化课堂教学模式。

智慧课堂是一种以新一代信息技术作为支撑的线上和线下的混合式课堂。这种课堂要能够拥有相关的信息化交互空间，拥有即时化、立体化、智能化和数据化的反馈，互动推送资源和数据分析等。对于这些内容，教师要能够及时地通过这种智慧平台对学生进行推送和给予交互机会的，从而满足学生的学习需求，提高他们的学习质量。

① 祝智庭，贺斌．智慧教育：教育信息化的新境界[J].电化教育研究，2012，33(12)：5-13.

2. 智慧课堂的教学要素

（1）动态收集数据。借助大数据技术全方位获取学生的学习数据、知识内容有关数据，根据数据规律，为学生安排合适的学习任务，设计符合学生认知水平的学习问题。

（2）多元化的互动交流活动。智慧课堂突破了传统的课堂模式、之间的交流不再局限于小组、同桌等范围，而是能借助媒体平台或者终端软件，实现更广泛范围的生生交流、师生交流；学生们可以根据自己的情况与问题，灵活选择与不同的同学交流，有效解决优等生学不够、普通学生学不会的问题。

（3）实时的反馈评价。智慧课堂能根据学生在平台上的学习动态，学生在终端上的学习行为，进行大数据分析与人工智能评估，实现对学生学习状态与结果的即时诊断，根据评估结果，为学生提供有针对性的、个性化的实时反馈与建议，起到引导学生自主学习与成长的作用。

（4）智能化的学习资源推送。在智慧课堂中，教师不仅在课堂上利用新终端与新平台，还要拓展学生的新学习环境，支持学生在课后各个时间段参与学习活动。教师利用新技术对学生的整体情况进行分析，根据学生的学习能力与知识掌握情况进行定向推送，为学生提供满足其学习需求的学习资源。

（二）探究式教学的定义与实施流程

1. 探究式教学的定义

探究式教学就是以探究为主的教学方式。其中“探究式”是指探究的方式，通常是指在观察自然现象和社会现象时所用的方法、手段和谋略等。探究式教学就是将探究的形式引进教学中，像科学探究一样，让学生以探究的方式进行学习，这一过程对学生而言是探究式学习，对教师而言是探究式教学。具体而言，探究式教学的教学过程是在教师的启发诱导下，以学生独立自主学习和合作讨论为前提，以现行教材为基本探究内容，以学生周围世界和生活实际为参照，为学生提供充分、自由地表达、质疑、探究、讨论问题的机会，让学生通过个人、小组、集体等多种解难释疑的尝试活动，将自己所学的知识应用于解决实际问题的一种教学方式。探究式教学有利于学生知识体系的建构，并在拓展学生思维、培养学生创新能力中发挥着举足轻重的作用，所以在教学中已深入人心，并得到了广泛的应用。

2. 探究式教学的实施流程

传统的教学模式是由教师先进行讲解传授知识，再让学生对接受的知识进行练习，而探究式教学不同于传统教学，其教学过程中的环节设计如下。

（1）创设探究式情境，引起学生兴趣，激发探究动机。探究式教学最重要的就是对问题的选择，整个教学活动都是围绕着这个问题所展开的。其出发点就是对课堂引入时提出的问题进行探究，这也是整堂课的起点，也是课堂中首尾呼应的“龙头”。从教学的角度讲，教师需要根据教学目的和内容，精心设置课堂引入情境，以此来吸引学生的注意，这样会使课堂氛围活跃起来。

（2）营造半开放式的课堂，提升学生自主探究能力。教师需要提出开放性的问题让学生进行猜想。这是教学的关键步骤，需要引导学生对提出的问题展开讨论，发挥自己的想象力，然后按照自己的猜想去验证是否正确。亚里士多德曾说：“想象力是发现、发明等一切创造活动的源泉。”在学生探究的过程中，教师就像海上的灯塔一样给予学生到岸的方向，指导、规范学生实验探究的操作。探究的过程可以由学生独立完成，通过实验探究后，学生需要把自己的探究过程以及将在实验中得出的数据进行记录，然后进行数据分析，得出关于自己猜想的一个说法。在所有学生都结束探究之后，各个小组之间进行交流，先让学生们通过交流发现各自的问题，然后让他们针对交流结果再进行二次探究。

（3）适时提示，暗示探究问题。在实际操作过程中，学生会遇到各种各样的问题，这个时候需要教师在他们探究的时候注意观察他们的具体情况，从而引导学生去发现问题并解决问题，学生在操作中出现问题的时候教师也要适当地进行提醒。为了保留每个人的想法，需要让学生自己通过探究发现其中的问题。

（4）课堂上合作探究，培养学生主动学习的能力。在教学的过程中，教师起主导作用，在思考的过程中，学生应占主体地位，教师尽量不要参与，学生的任务就是通过对自己猜想的探究来学习新的知识，以此达到学习的目的。因此，教师就必须注意自身为“主导”和学生为“主体”的关系，做到既不能让学生随意发挥，毫无根据地探究，也不能有太多的束缚以及指导。

①交流小组探究成果。这里将学生分成小组的形式，各自分配任务，然后进行探究，小组成员根据各组的综合看法制订方案，进行探究，这就需要各个成员之间要有着良好的沟通、密切的配合，才能最终得出自己所需要的结果。

②合作学习，探究疑难。探究出结果后，各个小组之间要交流所探究的成果。在学生的相互交流中，大家的思维可以碰撞出火花。交流结束后学生要再次对自己的探究结果进行修正，需要各成员进行探讨，各抒己见。这就能够充分地使学生展现自己，也能从讨论中发现并改正犯错的地方，最后根据讨论的结果再进行最终汇报。

在合作学习的过程中，教师要观察每个学生的表现并且参与其中。例如，走到正在讨论的小组中问“你认为他说得对吗？为什么？”等。所以，在这一过程中，教师需要：第一，时刻关注学生讨论过程并发现存在的问题，及时进行引导；第二，收集学生对问题的各种猜想和结果，尤其是和正确结果不一致的结论，并以此为例，对学生遇到的问题进行分析；第三，充分调动学生的积极性，注意观察平时比较内向的学生的“闪光点”，同时以鼓励的形式反馈给这类学生。本身辩论就是要使学生的思维发生碰撞，激发他们的胜负欲，促进创造性思维的发展。

③课后留作业，促进学生主动学习。为了不让作业成为学生厌倦学习的借口，教师布置课后作业的形式就需要发生一定的改变，同时要减轻学生的作业负担。所以，在教学过程中，教师要发现其中能够让课堂升华又使学生感兴趣的内容，以此作为课后作业的出发点，设置为开放式的习题，鼓励学生以发散、变通的思维模式完成作业。学生对自己感兴趣的事物，就会愿意去主动学习。在实际情况下，更多的是为了让学生能够掌握本堂课所讲的内容，还是要以客观题为主来检测学生本节课内容的具体学习情况。布置作业就会带有一定的被动学习的要求，这时需要各位教师根据教学的实际情况来做取舍。

二、基于智慧课堂的探究式教学实施流程

在云班课教学系统中，教师可以随时进行互动式教学活动，如开展头脑风暴来集思广益，发布限时的活动任务，共享交流探究成果等，可以得到即时反馈。教师发布的所有课程信息、学习要求、微型视频和其他学习资源都会立即上传到学生的账号，学生登录自己的账号后即可查看并进行学习；同时在每个学习项目结束后，教师可以查看每个学生的学习情况并评估其学习效果。下文就以该软件设施详细论述基于智慧课堂的探究式学习实践过程。

（一）教学环节

第一，情景引入，提出疑问。教师首先提出疑问，将学生引入一个情景

中，将此疑问通过云班课智能教学助手推送给学生。

第二，资源推送，活动发布，及时反馈。教师将通过对云班课平台推送的学习资源进行讲解，引导学生利用学习资源进行学习，掌握基础知识；及时通过头脑风暴、测试题、作业等方法检验学生的掌握情况并及时反馈，使学生掌握探究前所需的相关理论知识。资源推送这一教学环节的主要目的是基础知识的学习，为后期的探究做好知识储备。

第三，补充资源推送，引导探究。教师根据教学目标和教学计划将剩余的探究所需资源通过云班课教学平台推送给学生。

第四，及时反馈。学生根据推送的资源进行学习、探究，及时将探究结果进行上传，教师进行及时反馈和个性化指导。

第五，总结评价。教师对探究的整个过程和探究的结果作出评价，总结学生在探究中遇到的问题和出现的错误。

（二）学习环节

学生在学习环节完成一系列学习活动任务，对探究前所需的知识进行掌握，为探究学习做准备。在学生学习了教师推送的学习资源，完成了一系列的学习活动任务并提交至云班课平台后，教师和学生要共同进行总结及交流，在学生充分掌握知识点的基础上进行探究式学习活动。

第一，解决问题。学生将教师上传到云班课平台的问题或任务进行解决，解决的过程要充分融入教师所设置的情景之中。

第二，头脑风暴。学生掌握教师推送的学习资源时，根据学习资源和教师推送的问题进行头脑风暴，创新性地回答问题，为正式探究作准备。

第三，猜想与验证。学生根据教师推送的补充资源，进行实践探究，在此过程中不断地验证其猜想，进行试错。

第四，反思与整理。学生将每一步的猜想假设上传至任务单，在教师反馈之后修改、整理与反思。

第五，拓展提升。教师在进行总结评价之后，学生可以在云班课平台上看到其他同学的探究过程并进行交流分享，从而使知识得到一定的拓展和提升。

（三）探究环节

学生通过解决教师所提出的疑问明确具体的探究任务，在小组内分配任务；根据具体任务来明确具体问题和具体步骤，实施步骤；在正式探究时不断调整猜想、解释猜想、分析原因，并将探究的一系列过程（包括具体任务、具体问题、具体解决步骤、具体猜想及原因、最后的验证结果）填写在探究学习任务单上并上传至云班课平台；教师进行反馈，学生间共同探讨、总结及交流；最后学生将所学内容进行迁移应用。

三、基于智慧课堂探究式教学的优化策略

（一）建立多样化的智慧学习空间

智慧学习空间是促进学生智慧生成的基本条件。为了进一步发挥智慧课堂教学模式的优势，并在信息技术与教学的深入整合方面取得新的突破，学校应将更多的资金、时间、精力投入学校有效教学的硬件设施、教学资源。硬件主要包括白板、音频矩阵、智能录播设备等；教学资源主要包括教师的备课、上课参考资源，教师课件，名师课件，实时录播资源以及学生成果资源等。例如，教师可以制作“商务礼仪”相关微课视频上传到网站中，其他教师就可以通过网络云端找到这一视频播放给学生观看，从而丰富学生的学习体验。教师也可以选择全球各地的名师课程进行展示，将名师带入课堂中，建立多样化的智慧学习空间。

（二）强化教师职业技能，合理运用教学设备

智慧课堂教学模式的实施效果与教师的教学经验和职业素养密切相关，因此，教师要在今后的教学中大力提升自身的专业能力。首先，教师应在理解和掌握专业理论的基础上，创造性地使用；灵活运用多种教学方法和智能教学工具，努力在信息化环境下探索新的教学方式；精心安排和组织课堂活动，注重合作探究式学习、案例教学，激发学生的智慧，提高教学的质量。其次，学校应该定期对教师进行智慧课堂教学模式的使用培训，从而缩短教师与教学设备的磨合期，在最短时间内达到智慧课堂教学模式的预期效果；学校还应该适当开展一些智慧课堂教学技能竞赛，如“教师智慧课堂教学比赛”“教师微课技能大赛”等，使教师在增长经验的同时提高运用智慧课堂进行教学的积极性。

（三）加强学生平台学习效果的监管

为了加强对学生平台使用效果的监管，规范对平台的使用，学校应设立专门的网络监督小组，定期排查学生平台的网络安全状况，处理不明来源的外部

链接，在课堂上监控学生平台的操作动向，禁止学生浏览、上传没有正面意义的言论和文件，在遇到特殊情况时还可以使用禁言功能。与此同时，教师可以根据平台的实时反馈随时了解学生的学习进度。学校必须加强对智慧平台学习效果的监管，确保该模式发挥积极有效的作用。

第三节　基于慕课的混合式教学模式应用

一、慕课的定义及作用

（一）慕课的定义

“慕课”一词来源于美国，即 MOOC，本义是大型开放式网络课程。慕课是教育信息化时代“互联网 + 教育”的必然结果。“MOOC”中第一个字母“M”代表大规模，表示慕课课程大而多，中间两个字母“OO”分别代表开放性与网络在线性，最后一个字母“C”则代表课程，几个字母所代表的内涵连起来便是“大规模、开放性与共享性的网络在线课程”。从本质上来说，慕课是一种虚拟的网络在线课程，它让学生的学习不再受时间与空间的限制，灵活性与自由性更强。2012 年，美国顶尖大学陆续开设网络学习平台并提供免费课程，给更多学生提供了系统学习的可能。目前，三大视频课程网 Coursera、Udacity、edX 都是完全免费的，这就给平台用户增量和规模化提供了保障。2013 年，香港科技大学、北京大学、清华大学、香港中文大学等相继开设网络课程。同年，教育部开始大力推动慕课建设，目前已有 1 000 余所学校开设了慕课，“中国大学 MOOC”“智慧职教”等网站相继开设，为广大学生用户提供了自主学习的机会。慕课建设在近年来初具规模，为我国教育现代化建设提供了一个强有力的平台。虽然教育改革与发展进入了新阶段，“双一流”大学建设与高职专业化建设步入正轨，但是目前教育现实中的诸多不稳定因素成为教育改革现代化过程中的障碍，需要花大力气一步步地解决。每一个教育工作者在未来工作方式的转变、专业知识维度的扩展和高等教育普及化，是亟待深入研究并解决的战略性问题。

（二）慕课的重要作用

1. 提供丰富优质的课程资源

慕课具有大数据、物联网、人工智能等新一代信息技术的内在特点。在强大的技术支撑下，高校如果能落实“慕课＋教育”模式，并结合教学目标与内容推出一系列公开、免费的学习课程，必然会丰富高校课程资源，促进教与学水平的全面提升。

当前，国内一些知名的慕课学习平台都为师生提供了丰富优质的在线课程资源，如中国大学 MOOC、华文慕课等。中国大学 MOOC 是由网易云平台、爱课程网联合打造，并获得国家相关部门认可的国家精品课程在线学习平台，在这一平台上，学生可根据自身学习需求自由浏览、下载免费的课程资源。除此之外，部分国内顶尖学府，如北京大学、清华大学等也推出了可供在校师生或社会群体学习的优质在线课程资源，这让学生的学习更加方便快捷。

2. 创造自由与灵活的学习方式

慕课让学生学习的方式变得更加自由、灵活。传统的大学课堂由于受时间、空间等诸多因素限制，很难保证学生在任何时候、任何环境下都能进行学习。但基于移动信息技术的慕课突破了传统课堂教学在时间与空间方面的局限性，让学生的学习方法发生了翻天覆地的变化。学生学习时不再受场所、时间、环境等外在条件的制约，只要具备网络和计算机这两个条件，就可随时随地、轻松愉悦地进行学习。

借助移动互联网和计算机，高校大学生可以随时浏览各大名校所提供的在线慕课资源，并选择自己喜欢的课程资源进行学习。慕课让学生的学习变得随意、自由，学生不仅能积累丰富的资源，还可以依托慕课平台进行疑难问题的在线咨询、求助，以提升学习的效率。另外，丰富的在线资源可让学生由机械被动学习转为主动汲取知识，这对提高学生的学习积极性大有裨益。

3. 激发学生自主学习的动机

高校通过将慕课引入教学可激发学生的自主学习动机。教师要想激发学生的自主学习动机，不仅需要让学生对学习感兴趣，还需要让学生能够从学习的过程中体验到满足感与成就感。

目前，一些学生的自主学习动机不足，教师在教学过程中难以通过丰富课堂内容、优化教学方法等手段来激发学生的自主学习动机，导致学生的水平难以提升。而慕课是以信息技术为基础的、规模较大且系统性较强的在线开放课程，海量的在线课程资源丰富了课堂教学的内容，调动并激发了学生的学习兴趣。在学习过程中，学生可反复观看浏览同一个课程资源，直至自己完全学会。对于理解不了的知识点，学生还可以进行在线求助，与名师进行交流。这种在线学习方式极大地提升了学生学习的主动性与自主性，使其收获了满足感与自信心。

4. 推动教师教学能力的提升

对高校教师而言，将慕课融入教学是一个极大的挑战。在全民慕课时代，学生对慕课资源的依赖性越来越大，而教师则成为学生学习的辅助者，这无疑削弱了教师课堂组织者与引导者的身份。慕课对当代大学教师提出了更高的要求，新时代的大学教师不仅要做慕课资源的制作与开发者，更要成为慕课资源的驾驭与运用者，任何角色的缺席都意味着教师能力的不足。

物竞天择，适者生存。在激烈的市场竞争中，教师如果不能灵活运用慕课资源，不对教学内容、方法、模式加以创新，那么必然会被社会淘汰。在慕课时代背景下，高校教师只有紧跟时代潮流，不断提升自身的专业能力，才能真正履行好教师的职责。

二、基于慕课的混合式教学策略

（一）慕课混合式教学的导学策略

慕课时代给予了学习者一个新的学习空间，基于慕课的混合式教学利用丰富优质的慕课资源，使学生的主体地位得到发挥，真正成为学习的主人。导学与教学的含义不同，“教”侧重于对知识的讲授和传递，“导”侧重于对学习者的指导、启发和引导。有学者认为导学强调的是教师的引导、指导、辅导、参与、支持，让学生自发能动地学习，从而促进学生对知识意义的建构和理解。[①] 在慕课混合式教师这种高度自主的学习方式下，虽然其强调学生学习的独立性，但教师的主导作用不可忽视。教师的角色不再是以前单纯的知识传授者，而是从教学生转变为导学生。很多学校慕课混合式教学效果不佳很大一部分原因是对导学的关注度不够。根据慕课的特点，慕课混合式教学包括基于网络的平台导学策略与基于课堂的教师导学策略。

① 洪庆根．在线导学教师的角色与职责探析[J]. 电化教育研究，2010，31（5）：47-50，59.

1.平台导学策略

平台导学的目的是增强学生的网络学习适应性，引导学生有效地获取和利用学习资源，增强学习效果。在目前很多慕课平台的课程中，课程开始之前对课程性质、开课时间、单元内容、学习目标、考核标准等仅做了简单枯燥的文字说明，而学生的记忆力是有限的，且学生对枯燥的文字往往不感兴趣，所以应当将学习指南设置得浅显易懂，图文并茂，以引起学生的注意。例如，可以借助思维导图或者微视频的形式，将学习指南清晰地呈现在慕课平台上，激发学生的学习兴趣。慕课平台也应当设置一些有关学习指引的模块，以帮助学习者尽快掌握有效的学习方法，制订学习计划，合理安排自己的学习时间。目前很多慕课平台的学习指引仅仅包括一些简单的参考资料，有的甚至没有学习指引这一模块，慕课课程信息量大，且课程学习者的基础水平不一，往往需要不同的学习资料来补充知识，因此，学习指引应该包括学习方法、指定参考书、读本、补充教材、问题中心等模块，方便学习者快速定位。

慕课课程学习应当是一个使学习者有完整学习体验的过程，而不仅仅是慕课课程视频的堆砌。例如，地方院校应当充分考虑到自身的特殊性，对于从平台引进的课程来说，教师应当充分利用慕课平台，设置明确清晰的课程指南，同时对学习者的学习行为进行收集分析，实现个性化导学。而对于没有购买引进慕课平台的课程来说，教师应当在线上积极搭建其他有效的讨论交流区，引导交互、答疑解惑，借助其对学习者进行个性化导学。

2.教师导学策略

（1）引导学生制订混合学习计划。学习计划可以帮助学习者掌握自己的学习进度，合理安排学习时间，有助于学习的有序进行。在课程开始之前教师需识别学习者的基本特征，包括现有知识水平、年龄层次、对学习的态度以及以前学习中的表现等，以确定其学习需求，并根据学习者的特点选择合适的学习内容，明确阐述学习目标及评价方式，告诉学习者他们在完成该课程后需要达到怎样的效果，以便让学习者对课程有一个大致的了解，明确自己的方向。教师通过引导学生制订个性化的学习计划，来激发其对慕课学习的信心和热情，使其尽快适应慕课学习。

（2）引导学生融入慕课学习。由于很大一部分学生没有慕课混合学习的经验，教师需要介绍这种教学方式的特点和优势，帮助学生从整体上了解课程学习的内容和安排，熟悉慕课的学习方法和形式，以提高学习者的学习兴趣，激发其混合学习的动机，可以通过介绍成功的教学案例，以鼓励他们形成积极的学习态度，消除距离感，迅速融入慕课学习共同体中，为后续的学习打下基础。

（3）引导学生进行知识建构。慕课学习是一种高度自主化的学习，但自主学习并不是否定教师的主导作用，教师适时的引导会对学生学习质量产生积极的作用。在学习过程中，教师需要引导学生积极展开讨论互动，在讨论中教师要多发表具有启发性的话题，引导学生的讨论交流不偏离学习方向，将学生的思考不断导向深入。教师还要设计有意义的学习任务，如在线上分享学习案例并作出提问，课堂中设计与课程相关的任务让学生完成，真正将导学融入学生的活动中，让学生在做中学，帮助他们深化对知识意义的理解。

（二）慕课混合式教师学习动机提升策略

学生学习动机不强、学习兴趣不高是慕课混合式教学的一个棘手问题。凯勒教授提出的“ARCS 动机设计理论”综合了多种动机理论的研究成果，系统地把动机原理整合到教学设计过程中，即关注学习者的整个学习过程，从外因性动机和内因性动机两方面入手，进行教学策略设计，注重外因动机的内化和内因动机的激发。注意力、切身性、自信心和满足感四个因素应当贯穿于整个动机策略设计中。教师必须关注学习者学习动机的激发和保持，并将其贯穿于整个教学过程中，从而提升学习者的学习积极性。

1. 提供多种混合式学习资源，促进个性化学习

网络可以为学习者提供丰富的学习资源，而教师则需要帮助不同学习者进行有针对性的筛选，使其与本地课程教学内容相符，在慕课课程中选取与本地课程相适应的章节内容，还可以为学习者推荐在线数据库、电子刊物、网络微视频、其他学习网站等，满足不同学习者的需求。这类“先行组织者”有利于促进学生学习新知识，有效促进知识的内化。在课堂面对面的教学中，教师不仅要对基础知识进行补充讲解，更要对网络学习内容进行延伸，如印发一些和课程有关的论文等，在课堂中尽力创设丰富的情景，设计多样的活动，帮助学生进行知识内化。教师还应将线上和线下学习资源进行有效整合，使各类资源优势互补，满足学习者的不同需求，提高学习的针对性。

2. 设计多种学习活动，加强过程性交流合作

在学习过程中，教师要针对不同类型的课程设计多种学习活动，保证教学

任务的多样性，以防学生产生学习疲倦感而失去学习兴趣，维持学习者的学习动力，进而提升学习效率，如对实践性较强的课程，教师可以在课堂中设计多种实操练习，让学生在做中学，在实践中掌握知识、获取技能。在线上课堂，教师可以通过QQ群在线讨论或论坛提问的形式来提高学生参与度，激发学生的学习动机与兴趣。在线下面对面课堂学习中，教师不仅要对基础知识进行补充讲解，进行答疑解惑和操作技能的指导，更重要的是组织多种学习活动，如制作微课，利用思维导图、小组成果汇报、角色扮演、头脑风暴等进行研究性学习，加强师生、生生之间的交流，以唤起学生的探究精神，提高学习注意力，给每个学生独立学习和解决问题的机会，对其进行个别化的指导，为基础较好的学习者提供额外的学习任务，以维持其学习动力。

3. 注重多元化反馈

反馈是对学习效果的评估，也是一种形成性的评价方式。线上学习的反馈形式有很多，如在QQ群、微信群与老师、助教或同伴的互动交流，慕课学习平台的专家提问、阶段小测验等。在线下面对面课堂中，教师可以进行随堂小测验来查漏补缺，设计评价量表来记录整个学习过程中不同小组的表现情况，还可以进行成果展示报告，有意识地让学习者做阶段学习小结，找到学习中的不足，同时给予表扬和鼓励，让学生不断体会成功，提高学习自信心。学习者可以根据反馈结果来了解自己的学习情况，激发进一步的学习愿望。教师可以通过反馈不断改进教学质量，促进教学最优化。

4. 肯定成就，提供奖励

成就感能使学生感到轻松愉快，让学生在学习中获得成功，体验成功，增强学习动机。不管学习任务完成得好与不好，教师都应该启迪、鼓励学生，对完成很好的学生要夸赞与奖励，提高其学习满意度；对完成得不好的学生要信任与理解，帮助他们设定学习目标，进行合理归因，不断激发他们的成就动机，提高自信心。教师可以引导学生制订下一阶段的学习目标、学习计划，并鼓励学生坚持按计划行动以达到目标。

（三）利用认知工具促进深度学习

利用认知工具的目的在于引导和扩展学习者的思维活动，简化学习任务，促进其更有效的学习。认知工具分为两种：一种是有形的认知工具，即技术；另一种是无形的认知工具，即智力、方法。在慕课学习中，学习者难以实现学习的自我调控，容易陷入浅层次的学习，恰当地使用认知工具有助于增强学习者的学习动机，从而提高学习效果，如将思维导图或概念图引入慕课混合式学习。在学习过程中，对知识点、学习思路的整理，带领学习者进行思维导图或概念图的绘制，有助于激发学习者的创造性思维，扩展学习思路。对难度较高的问题，教师在面对面课堂上让学习者进行小组讨论、合作学习，进行思维碰撞，可以促进学习者的深度学习。

（四）多元评价策略

学习评价不仅对学习活动起引导作用，更可以帮助教师对学习活动作出调整、改善，使学习活动能够更有效地促进学生的学习发展。与传统教学相比，基于慕课的混合学习不管是学习方式还是学习过程都发生了变化，无论是线上学习还是线下学习，都是基于学习者的个性化学习，所以需要更加多元化的评价方式。

传统教学中以考试成绩作为唯一的评价标准有一定的主观性和片面性。在慕课混合式教学中，评价主体既有教师，也有学生，包括学生对学生的评价、教师对学生的评价以及学生的自我评价，评价方式采取形成性评价与总结性评价相结合的方式。学生对学生的评价包括慕课平台作业中的同伴互评、课堂协作学习中的生生互评；教师对学生的评价包括阶段性的小测验、学生在小组讨论中的表现等；学生的自我评价包括对自己学习的总结反思。多元评价不仅要评价学生的学习深度，还需要评价其学习广度，包括采用项目作业、课堂讨论、线上发帖等方式。相比传统教学中单一的评价方式，多元化的评价更有助于学生的发展，关注学生在整个学习过程中的表现，有利于及时发现问题，激发学生的学习动机，也让整个评价过程客观、公正。

三、基于慕课的混合式教学模式的实施

在进行混合式教学之前，学校需要建设慕课平台，学生通过学号登录慕课平台即可学习。慕课平台是学生课前和课后学习的有益补充，平台通过 7 个子模块实现在线学习系统的构建。课程信息包括课程简介、课程大纲、授课形态、教学团队与教学设置；班级管理涵盖学生管理、课程考核标准、学习过程成绩记录；教学计划主要包括发布课件、微视频、学习任务；练习考试主要包括题库的建立、知识点评测、作业的发布、线上考试；统计分析包括课程、班级、学生三类学习行为数据的记录，成绩自动管理，教学全过程数据化，可留

存、可追溯；讨论区是专门用于搭建师生互动讨论的社区，师生解答、生生解答，良性循环；公告区主要由教师发布课程通知。其中讨论区维护至关重要，师生利用课下时间进行课外沟通，教师引导学生思考，学生积极参与话题讨论，学生学习习惯养成后，讨论区由师生互动带动生生互动，效果非常显著。

网络辅助课程，如慕课、专属在线课程（SPOC）或微课等教学平台的出现，打破了传统课堂教与学的主动与被动局面以及地域和时间的限制。慕课平台上设有资料区，教师可在上面发布为学生提供的参考资料。参考资料可以是音频、视频、图片、Word、Excel、PPT、PDF 等形式。慕课平台上还设有问答区，教师设计的章讨论题目在问答区发布，同时学生也可以将在学习过程中不理解或发现的问题在问答区发布，同学相互之间可以作答或讨论，教师也可以随时查看动态，对学生回答不了的问题及时给予解答。

下文基于慕课平台与课堂教学相结合的方法具体分析基于慕课的混合式教学模式的实施过程，这种模式通过网络教学和课堂授课与互动，使学生全程积极参与到教学活动中，学习形式的多样性能更有效地促进教学目标的达成。

（一）慕课学习阶段

慕课学习主要依托前期在智慧平台上建设的基础慕课资源而实现，要求学生在每次课堂授课之前完成规定时间段内的慕课学习任务。学生在学习每一个慕课视频过程中，必须完成中间穿插的规定的视频弹出题目，只有完成作答才可观看后面的内容，这样便于学生适时了解自己对学过的知识点的掌握程度。教师通过后台数据分析随时可以查看学生的学习进度，对慢于学习计划进度的学生，可以单个或批量地发送督促提醒。学生可以利用慕课平台上的问答区，对教师设计的章讨论题目开展讨论。章讨论题目可以是在实践中遇到的问题，既有巩固所学内容的题目，也有需要学生查阅资料，可从不同角度发挥创新思维的题目，有利于启发学生进行创新性思考。同时，学生可将在学习过程中遇到的问题发布在问答区，同学相互之间作答或讨论，教师也可随时查看动态，对学生回答不出的或还存在疑惑的问题及时给予解答，引导学生消化吸收相应的知识点。在每章课程内容结束之后，要学生在设置的时间段内对章后测试题进行作答。章测试题为客观题，系统自动评分。在完成所有章节内容的学习后，学生要在规定的时间段内完成慕课上的期末测试题。学生作答结束后，章测试和期末测试的成绩及参考答案都会反馈给学生，这样一方面帮助学生检验学习成效，另一方面对学生的学习情况进行检测，并给出结果，在一定程度上可以提高学生学习的积极性和主动性。

（二）课堂授课阶段

课堂授课不仅可以对慕课学习的部分进行巩固和拓展，更重要的是可以通过师生面对面的交流和互动，在充分发挥教师主导作用的同时，又有助于营造民主的教学氛围，激发学生学习的兴趣和主动性，让教师能够依据学生的反馈适当地调整教学进度，增强课堂教学效果。课堂授课前，学生要通过雨课堂扫码签到，以便教师及时了解上课人数、迟到人数、缺勤学生名字和数量等情况，加强课堂管理。课堂上，由于学生先期已经进行了慕课学习，所以教师只需要简单介绍一般知识点，而主要针对重难点内容进行详细讲解。授课过程中，学生有不理解的内容，可以通过智慧平台的弹幕功能发布，教师可以及时为学生解答，或者针对某些典型的问题在课堂上开展讨论、互动交流，将问题在课堂上内化。知识点讲解完成后，教师也可通过智慧平台的限时答题功能推送一些测验题，让学生作答，在此过程中关注学生的答题情况，然后对出现问题较多的知识点进行定点精确讲解，或者换种思路去引导、启发学生，也可以利用智慧平台随机抽取学生提问，这样不仅可以使每名学生都专注到课堂中来，调动积极性，还能根据答题的正确率或讨论情况发现学生对某个知识点的理解不到位的情况，及时调整教学进度，以便作进一步讲解。遇到比较抽象的教学内容时，教师在讲解的时候要根据学生的接受情况适当放慢速度，而对于学生较易理解的内容，可以适当地加快讲解速度。课程结束后，课堂上讲解的课件自动保存至慕课平台，学生对课堂上没有理解透的内容，还可以课后到平台上收看回放，巩固所学内容。

（三）考核阶段

基于慕课的线上线下混合式教学模式和特点，学校应建立多元化的考核机制，最终考核成绩由慕课学习成绩、平时成绩和期末考试成绩三部分结合来评定，这就促使学生注重过程考核，循序渐进地积累课程知识。以下考核机制可以作为参考。

（1）慕课学习成绩，占比 30%，包括慕课学习进度、学习习惯、互动情况、章测试和期末测试等。学生在结束每章内容的慕课学习后，要完成 10 道左右的章测试题。这个环节可以帮助学生对学习内容的掌握情况进行自评。自评结果将有利于学生找到差距，并可有针对性地进行强化学习，从而增强学习效果。此外，在慕课讨论区，每章设置3~4道基于本章知识点的讨论题，考核学生对课程的参与度，加强互动。在完成所有章节内容的学习后，设置一套围绕各章知识点的大约200道的期末测试题，学生在作答这部分试题的时候，由系统随机抽取20道题，并限时完成。最后，根据慕课学习情况，包括视频学习进度、学习习惯、讨论参与度、章测试和期末测试的分数等进行综合评分。

（2）平时成绩，占比20%。在课堂授课过程中，教师针对重要知识点或难点进行讲授，并开展课堂提问、讨论或随堂测验等活动，适当地布置课后作业，最后根据学生的出勤率和课堂表现、随堂测验成绩、课后作业成绩等进行综合评分。

（3）期末考试成绩，占比50%。教师根据课程培养目标和要求，对重要的知识点采取闭卷考试形式进行测验。闭卷考试可以督促学生进行集中性巩固、强化复习，保证教学质量，也有利于教师评估学生对课程知识的整体理解、掌握和运用情况，并对学生的自主学习效果进行综合评价。

四、基于慕课的混合式教学模式的优化对策

（一）慕课应用混合式教学模式要注重兴趣引导

兴趣是学生不断向前发展的内在动力，也是重要的影响因素。传统高校教学中，教师更多扮演的是主角，而学生沦为了教学中的陪衬角色，并不能发挥自身的主体作用。混合式教学模式的应用，使学生不再处于被动中，而是可以变得更加主动，做学习的主人。例如，教师给学生讲解时，相关内容需要依托一定的载体，如果只是简单的言传，学生势必难以理解其中的精髓，兴趣培养也就无从谈起。但如果将慕课和传统教学结合起来，高校课堂会更加活泼生动，也更加形象，学生在视频资料的帮助下，对课程内容会有更好的理解。学生在兴趣的引导下，注意力会更加集中，在对视频资源完成学习后，进行相关练习，也能够更好地完成任务。

（二）慕课应用混合式教学模式要培养自学能力

高校教学过程中学生自学能力的培养是开设课程的主要目的之一。教师需要发挥混合式教学模式的优势，让线上教学和线下教学形成合力，使得学生有更多机会学习。慕课是基于信息化发展而产生的新型教学模式，可以打破时空

的限制。例如，学习新的单元内容时，教师可以引导学生及时搜集与教学内容有关的课外资源，将其和慕课结合起来。教师在讲解课程内容时，对学生预习的情况加以观察，并使课程内容能够更加符合学生认知。教师还可以总结学生存在的共性问题，课上进行统一讲解，对于有疑问的地方可以提出来，由小组讨论或教师解决，使课堂教学更具针对性。

（三）慕课应用混合式教学模式要分层递进

课程线上直播教学的专注点在于学生自主学习能力的提升和深度学习的挖掘，而教学互动设计则在于教师用心思考教学目标与教学活动的关系。鉴于在线直播课特点，教师应适当改变教学设计思路，让学生课前进行知识学习，课中（直播）时更多训练学生的技术能力。

课前教学活动采用六步训练法，以案例项目为主线，以任务为干线，基于“任务—需求—方案—设计—调试—评估”六步训练教学，使学生在进行理论知识学习的同时更大程度地提升自主学习能力。教师将每节内容以任务的方式予以分解，设定完成该任务需要达到的能力水平，通过对项目进行分析，获得项目的任务需求。学生以小组的形式线下组队，对任务进行方案设计，组内队员进行分工，合作开展项目制作。当项目环节完成后，通过分析和解决实践过程中存在的问题，学生提升了在项目分析中主动思考、探索的能力，并在团队学习中形成集体智慧。另外，学生在分享过程中体会进步，反省过失，培养自身的通用素质和专业核心能力；教师根据自己的教学经验，对预期的结果进行评估，在教学中依据评估结果动态调整授课方法，评估注重任务考核内容以及给出该项任务的考核等级，最终给出学生参与全课程的最终成绩。

（四）慕课应用混合式教学模式要增强复习效果

慕课属于可移动资源，可移动性是其优势之一，对学生课后复习与巩固有极大的帮助。每次课程结束之后，学生可以充分利用慕课的特点，针对自己薄弱的知识点进行复习和巩固，也可拓展延伸，加深自己的记忆。教师作为重要的引导者，可以让学生多收集慕课资料，学生可以依据自己的掌握程度与学习能力挑选适合自己的资料，并且加强自主复习。教师给学生讲解新课之后，可依托慕课平台，给学生布置相应的课后作业，也可让学生结合视频，观看重要内容，并且写出观后感。除此之外，教师也可以拓展课后作业的形式，让学生感知到作业的趣味性或挑战性，激发其内心学习的欲望。

（五）慕课应用混合式教学模式要增强线上互动插入

直播时学生应准备好手机和笔记本电脑两台设备。手机用于互动，笔记本电脑用于观看直播课。学生在线考勤监测则利用二维码、数字口令进行数字化考勤，杜绝代签，一键导出考勤记录实现精准签到。针对直播时抽查学生的问题，教师可以利用随机点名或者抢答小程序进行操作，该方式可以让在线的学生集中精力听课。教师根据不同教学阶段内容设置互动试题，试题包含投票题、判断题、单选题、拍照题、简单题等。互动试题发布后，学生实时提交答题结果，教师一键即可提取学生有效观点，及时检验教学效果。特别是针对学生完成的电子设计作品，教师可通过拍照的形式完成互动答题，精准了解每一位学生作品完成的进度，同时根据每位同学提交完成的程度给予课程表现奖励。另外，教师直播过程中的师生实时问答互动信息可以通过弹幕完成，弹幕显示发言学生姓名和发言简要，方便教师统计数据信息。

（六）慕课应用混合式教学模式要延续线下教学活动

线下教学活动基于在线慕课平台给予的技术支持，每节课后要求学生在平台笔记区提交当节课的线上笔记，对本节课进行总结与回顾。教师在平台讨论区针对每节直播课的知识点发起一个话题讨论，学生积极参与互动，通过查阅资料在讨论区持续进行交流，巩固所学知识。学生通过在线平台完成课后作业，作业设置部分客观题进行自动批阅，主观题需要教师自主批阅，部分主观题目采用学生互评的方式，学生在互评的时候一定要根据教师提供的评价标准认真批阅，因为在批阅的过程中也可以学习或巩固知识。另外，作业的反馈要及时，根据批阅的情况进行反思和总结，查漏补缺。为了给予学生线下更多的思考时间，教师在每次课结束后通过平台考试板块发布知识点测试题目，要求在下一次上课前按时完成测试，平台自动评阅学生答题情况后，学生可实时查阅结果，及时纠正。

第四节　微课混合式教学模式应用

一、微课的定义

在国内，胡铁生于 2010 年率先提出“微课”这一概念，并认为微课是一种将一个知识点与相关的各类知识点结合起来集中展示的教学方式。微课管理的主要内容是课堂教学视频，还包括与文化发展相关的教学实践设计、教材课件、实践测试等教学信息技术，它们共同构成了“微整合”的教学环境资源。

虽然我国学者对微课范畴有不同的解读和理解，但他们都认为微课教学设计突出主题，教学内容可以根据学习者的掌握程度进行调整，教学模式顺应时代发展。同时，微课课程时间短、容量小，资源成本控制得当，融合多种课堂教学方式，引起了教育界的广泛关注，众多学者对其开展了一系列的探索和研究。

二、基于微课的混合式教学模式

基于微课的混合式教学模式，即教师以微课为载体，将传统的课堂面对面教学与网络教学有机结合，优势互补，分层教学，满足学生多样化、个性化的学习需求。在课前，教师将课堂教学重点制作成5~10分钟的课件，然后将微课上传到网上，安排学习任务，学生在线上学习。

（一）基于微课的混合式教学模式的理论依据

近年来，在线教育获得迅猛发展，网络教学平台作为在线教育的重要依托，受到广泛的认可和重视。网络教学平台借助互联网信息技术，能够为广大学习者提供在线教育资源，并且为学生打造线上学习空间，能够实现实时在线交流沟通，具有便捷性、开放性的显著特征。在线教育通过网络教学平台可以实现优质教学资源共享，且学生学习的时间和地点不会受到限制，充分凸显了以学生为中心的理念。网络教学平台同样存在诸多不足，学生通过网络教学平台开展线上学习，无法实现与教师的面对面交流，教师也难以根据学生的实时反馈，及时调整教学内容与教学方法。传统课堂教学方式相比网络在线教育，是以教师为课堂主导为学生进行面授的教学模式。面对面的师生沟通与交流互动对学生的心智与德行发展有积极意义。混合式教学模式则是将两种教学形式结合，以传统课堂教学为主导、网络教学平台为辅助构建的一种全新高效的教学模式。对高等教育而言，混合式教学模式具有推动教改的积极作用，也是全球高等教育发展的重要趋势。

（二）基于微课的混合式教学模式构建必要性

首先，基于网络教学平台构建混合式教学模式是顺应高校改革趋势的现实选择。我国提出科教兴国战略，将教育提到与科技发展同等重要的地位，两者之间紧密结合，发挥相辅相成的作用，才能产生更好的教学效果。近年来，我国大部分高等院校均已引进信息化教学设备，远程教育、在线教育呈现出良好的发展趋势，特别是2020年以来，线上教育充分凸显出优势。高校混合式教育改革有助于进一步巩固教学成果，推动教学深化改革。其次，学生对混合式教学模式接受度高，能够更好地满足其学习诉求。网络教学平台的应用，让学生能够获得进一步的学习空间和丰富的在线教学视频，学生可以针对自身尚未掌握的知识点反复观看学习，提高学习质量。另外，现在电子信息设备已经普及，学生可以利用手机、电脑自主获取网络精品课程资源，提升学习效果。最后，混合式教学模式的构建能够降低部分课程的学习难度，课前进行知识自主预习，课中重点难点讲解以及课后巩固复习，学生还能够与同学相互交流探讨，共同解决专业难题，有助于专业知识更好的内化吸收，提高学生的学习能力。

三、基于微课的混合式教学策略

相较传统教学模式，混合式教学有着诸多优势。一是教学资源丰富。教师不仅可以充分利用丰富的线上教学资源，还可以利用教学团队自主开发的线上个性化课程资源。二是教学方式灵活。课前，教师及时发布教学活动任务，指导学生以观看教学视频资源等形式进行及时预习；课中，引导学生自主参与探究式学习；课后，引导学生进行课堂基础知识巩固和知识技能拓展。三是个性化教学特点突出。教师可以为学生提供个性化的课程教学，学生可以根据自身基础水平把握课程学习时间进度。四是教学评价手段多样。学习平台可以通过组织教学效果测试、小组讨论、抢答等各种手段，及时进行教学评价。它既能充分发挥教师的教育引导作用，又能充分满足学生对自主发展学习的实际需求，深受教师和学生的广泛喜爱。目前国内外对混合式课堂教学法的研究，主要集中在混合式课堂教学的基础理论与实践应用、在线课程教学以及信息化平台建设三个方面，而教学实践类和应用技术类的教学研究相对偏少。下文就基于微课具体分析混合式教学在开放教育中的应用。

（一）教学准备阶段

1.编写导学方案

学校根据课程特点编写课程导学方案，并通过教师转发给班级内每一位学生，让学生第一时间明确课程学习目标和考核情况，并对如何在线上和线下完成课程的实践、学习、练习进行了详细介绍。导学方案一般在学期初发给学生，让学生从新学期开始就明确本课程的学习目标和学习任务，这样可以更好地引导学生进行线上线下混合式学习。

2.设计视频微课、线下辅导和直播环节

教师结合学生特点，认真研读课程核心知识模块，将课程各知识模块提炼成重点要点，并设计每一部分的精讲精练教学方案，同时确定视频微课、直播互动和面授辅导的讲授内容；再结合重点内容开展跟进辅导，针对学生反馈及时沟通交流，并适时穿插直播讲授，全方位地给学生提供课程的线上线下学习和练习实践。视频微课和线下辅导内容相辅相成，通过微信群及时组织学生开展学习和练习，以便让更多的学生按时按照教学计划掌握对应的模块知识。

（二）教学实施阶段

1.明确课程学习目标

学校通过微信群发布课程导学方案，引导学生登录学校网站，找到课程并开始自主学习。其中重点是导学方案中的作业和期末考试等内容，这也是学生重点关注的内容。导学方案突出课程重点和难点，并将其对应的视频微课和考核项目进行强调说明，以便于学生学习，同时明确线上直播互动和线下实践操作的时间和方式，为后续线上线下混合式学习打好基础。

2.精心录制视频微课

教师精心设计并及时录制课堂视频或者微课，可以大大提高课堂教学效率，优化线下课堂教学结构。学生可以很方便地在电脑上随时随地进行自主学习、练习，可以反复观看难点内容。

3.组织微信群内专题辅导答疑

学生的自主学习需要督促和引导。结合当前智能手机的普及，教师可以通过组建的课程学习微信群以及问卷星开展专题辅导答疑和签到活动，督促学生在群内讨论，了解当前学生的学习情况，并在群内及时反馈引导；还可以邀请一些计算机操作基础较好的同学，担当课程教师小助手的角色，及时回答微信群内各个知识模块的问题。学生通过及时和课程教师讨论，提升解决操作问题的效率，并完成实践作业。

4. 直播讲解，突出重点内容

教师以问题为导向对重点内容进行直播讲解，灵活运用直播平台的讨论区加强在线直播的交流互动，引导学生积极参与讨论。教师通过直播课堂的知识点讲解和梳理，概述本节课程的主要知识点以及设置相关问题，引导学生带着问题学习。学生在自主学习过程中可以很方便地获取问题答案，增强学习的目的性。教师在课程总结与答疑阶段以点名提问方式检测学生的掌握程度。

5. 加强核心知识模块线下实践

线下面授课堂教学活动设计和实施效果是影响混合式教学有效性的一个重要因素。线下面授辅导教学与线上教学紧密衔接，教师根据视频微课和直播互动等线上学习情况，结合课程特点合理设计线下面授课堂教学活动，加强课程核心模块的学习与练习，重点加强实际操作练习，同时根据不同核心教学模块的特点，选择不同的面授教学方法，采取多样化的教学活动组织形式，最大程度地调动学生的学习积极性和课堂活动参与度。

6. 及时评价学习成果并反馈

利用微课平台，教师对学生学习成果即自主学习后提交的实践作业进行及时批阅打分，表扬优秀、督促后进，在微信群内营造积极向上的学习氛围；对微信群内个别学生与学习不相符的发言，及时给予积极引导。加强课程学习的情感支持也是学生进行混合式学习的重要基础，尤其是在线学习环节。因此，教师应用心设计话语、巧用案例特色，加强微信群、录播、直播教学中的情感支持教学，尤其在微信群中及时了解和解答学生反馈的各类问题，如软件安装、作业提交、平台网站等各类问题，让学生感受到教师的耐心和鼓励。教师结合每一模块知识要点和期末考核要求，将软件工具开发模块测验小程序及时发布给学生进行自我评测，方便学生自主学习和自我评价。

（三）教学评价阶段

混合式教学中的教学评价包括过程性评价和结果性评价。过程性评价主要包括平台作业、在线测试、小组讨论、实践任务完成情况等，注重学生平时自主学习的表现，促进学生学习活动积极性的充分培养。结果性评价以在线学习平台作业测试、实践实验考核评价为主，模块测验小程序为补充。两种教学评价方式相结合，可以全面、客观、准确地反映学生的学习效果。

四、混合式教学中微课堂的提升策略

（一）组织微课培训，加强团队合作

微课培训是对微课教学有一定经验的教师或专家对微课教学相关知识的讲授，为高校学生提供正确的指导，同时能指出高校学生存在的问题，为高校学生进行下一步微课学习指明方向。

在学校，在学生能够自行解决的问题范围内，学生之间也要进行有效沟通，进行团队合作。团队合作在学生学习过程中非常重要，在遇到问题时可以集众人智慧为解决难题缩短时间和提供多种解题思路。

（二）抓住教学时机，提高综合实力

抓住教学时机需要教师合理设置微课教学的内容节点和教学进程，在教学过程中合理利用各种教学方法，把知识内容教给学生。教师要对教学目标、教学方法、教学准备、教学内容都了如指掌，在进行微课教学时以教育机制为基础，从容地转换教学思路，形成一节完整的微课教学。对于平时能够锻炼自己的比赛机会，教师一定要勇于参加、积极参加，如学校组织的微课制作大赛、讲课大赛等。

（三）优化微课资源，转变教学观念

在网络平台上查找相关资料是现代教师和学生获取信息的重要方式，完善网络平台，对微课资源的数量和质量进行筛选和提高，是优化微课资源的重要途径。网络平台信息量虽然庞大，但是非常混乱，信息质量也难以保证。教师应让微课资源的分类更加清晰明了，保证微课资源的数量和质量。这样学生获取微课资源更方便快捷。同时，教师可以在网络平台上建立相关的沟通交流区域，使用者在获取网课资源后还可以提出意见与建议，相关部门可以采取合理的意见与建议，促进微课资源数量的增加和质量的提高。

（四）评价主体多元化，完善评价机制

微课教学具有实践性和开放性，这就为微课评价主体多元化创造了条件。微课教学利用视频录像的记忆方式将教学过程复刻存留下来。在课后，教师可

以通过观看自己上课的视频，进行自我评价。在微课教学后，学生要进行沟通与交流，提出自己的观点。学校在进行微课教学时应该完善评价机制，不仅要评价主体多元化，还要针对普遍存在的评价范围狭窄、评价手段单一、评价内容片面等问题提出解决办法。学校可以加强与社会、与家庭的广泛联系，也可以成立学生评价领导小组及教师专业评价小组。

第五节　对分课堂

对分课堂（Presentation Assimilation Discussion Class，PAD Class）是复旦大学张学新教授于 2013 年提出来的一种国内新型教学模式。这一模式最根本的理念在于将课堂时间“一分为二”，一半用于教师的讲解，一半用于学生的小组合作与讨论交流（此处的一半课堂时间可根据具体的课堂情况进行适当调整），将两者时间错开，以保证学生能够有充足的时间对所学知识进行自主学习和内化吸收。对分课堂结合了传统课堂与讨论式课堂各自的优点。不同于传统课堂，对分课堂强调先教后学，也就是将讲授安排在前，将学习安排在后，与讨论式课堂有相近的地方。它在强调师生之间有效互动的基础上，突出了学生之间交互式学习的重要性以及学生的自主学习的重要性。对分课堂将教学分成在时间上清晰分离的三个过程：讲授（Presentation）、内化吸收（Assimilation）和讨论（Disussion）。因此，对分课堂也称为 PAD 课堂。

一、基本模式

对分课堂包括三个子模式：隔堂对分、当堂对分以及混合对分。隔堂对分是对分课堂教学模式的典型代表。隔堂对分是将内化吸收过程放到两节课的间隔时间完成，学生经过教师课上讲授、课下内化吸收和课堂讨论三个过程复现知识并逐渐深化。当堂对分是对分课堂的简化模式，即在一节课内完成以上三个环节，较为简单的教学内容或刚刚尝试对分课堂教学模式的教师可以从当堂对分入手。混合对分是在课程中结合了隔堂对分和当堂对分两种模式进行教学，另外，线上对分模式（Online PAD，OPAD）也是混合对分模式的新形式。

二、操作要领

（一）讲授阶段

在对分课堂教学模式中，针对同样的教学内容，教师只有原来一半的时间进行讲授，因此，对分课堂强调教师讲授精讲留白，只做引导式的讲授，讲解知识框架、重难点，提供方法、技巧和策略，引起学习兴趣，让学生在课后自主有效地进行填空式的学习。

（二）内化吸收阶段

内化吸收是对分课堂的关键创新点。对分课堂的讨论环节强调学生有备而来、言之有物。对分独创的“亮考帮”“亮闪闪”“考一考”“帮帮我”作业不是传统意义上的作业，其在一定程度上超越了传统答案的正误，是学生对自我学习情况的反思和元认知，同时也是思考的进一步延伸，重要且必要。

（三）讨论阶段

讨论阶段分为小组讨论、教师抽查、自由提问和教师总结四个环节。小组讨论时学生要围绕作业特别是“亮考帮”展开讨论，教师不参与讨论，只是旁听；随后，抽查小组成员针对讨论内容进行分享或提出未解决的问题；自由提问环节学生可以畅所欲言，师生共析疑难；最后教师把学生遗漏的和需要深化的内容进行补充总结，至此，讨论过程全部结束。

第六章 现代高校教学方法改革创新

第一节 人工智能在教学中的应用

一、人工智能的定义

AI 是人工智能（Artificial Intelligence）的缩写。人工智能并不是一个单一学科，而是涵盖了心理学和哲学等多门学科的综合性学科，属于交叉学科，并非一门课程。与具有血肉身躯的人类智能相比，人工智能是一种没有生命的智能，主要是利用计算机对人类的智能行为进行模仿，如学习和推理等复杂活动都在人工智能的模仿范围。人工智能实际上就是由人类制造出来的一种无须进行有机活动的智能体，能够在一些领域代替人类进行活动，为人类提供生产生活方面的便利。[①] 人工智能等同于在没有血肉和意识的机械上模仿人类的智慧。需要人类智能才能完成的复杂工作如何由机器来胜任是人工智能研究的一个主要目标。通过模仿并延伸人体器官功用的智能机器的开发和使用，使得人类很多简单的、重复性的工作由机器代替而完成，甚至人类需要花费大量时间去解决的复杂工作也可由智能机器完成。人工智能发展至今，社会对劳动者的需求也有了翻天覆地的变化，而这一变化所带来的影响是我们不可忽略的。本书所提到的人工智能是指包括各类智能设备以及智能 App 在内的各种技术，而不是指一门学科。

① 王万森．人工智能原理及其应用（第 3 版）[M]．北京：电子工业出版社，2012：19-21.

（一）技术组成

人工智能技术简述如下。

1. 大数据

大数据也可以被称作“海量的资料”，主要指的是运用全新的数据处理方法获取的各式各样、丰富多彩的信息资源。

2. 计算机视觉

计算机视觉一般情况下可以使用摄像机和计算机来取代人的眼睛，以便对所要处理的目标进行识别和实时追踪，然后进行科学测量，进而完成一些具体的图形处理工作。计算机视觉比利用人眼观察图像更加方便和精确。

3. 语音识别

语音识别指的是利用机器进行语音识别、分析和理解的整个过程。把语音信号清晰地转换成具体的文字或者相关的命令，是一种高新技术，一般包括三个主要方面，分别是信息提取技术、模式匹配原则和相关的训练模式。语音识别需要人和计算机互相配合，研究重点是解决机器的听力问题，让机器清晰地听见人说的话。人工智能发展到现在最先进的技术就是语音识别。

4. 自然语言处理

自然语言处理总体上可以分为两个方面：一方面是自然语言理解，另一方面是自然语言生产。想要实现人和计算机之间的语言沟通，就需要让计算机很好地理解自然语言的一些具体意义，还要利用语言文本来准确地表达所要表达的意思和思想情感等。自然语言处理是比较重要的发展方向，可以在人工智能的发展领域较好地融入计算机科学，使其更好地发展。

5. 机器学习

机器学习需要让机器像人一样拥有较强的学习能力，研究计算机如何模拟完成机器的学习行为。为了学习更多的知识和提高专业能力，重新整合现有的知识，然后不断优化和改善机器的各种使用性能，是人工智能最重要的使命。

（二）人工智能技术应用教学模块

1. 线上教学模块

线上教学模块主要以大学教师为主体。在此模板中教师可以设计出在线课程，并对 PPT 影音等教学资源加以展示，或者用 Word 文档形式提供教学内容等，保障内容的充实性及趣味性。此外，在线上教学时教师要更注重对知识点的讲解，以夯实学生的学习基础。

2. 作业练习模块

作业练习模块将学生作为主要用户。在日常学习及生活中，学生们可在此模板中学习理论、练习测试题集、观看高质量教学视频。此模板包括多种不同题型，可以提升学生作业效率及质量。学习相同课程的学生可以组建学习社区，互相分享学习方法和经验，实现共同进步。此外，此模块可设置个性化的学习动态及主页展示功能，学生可在此分享学习成绩，总结学习心得体会等，从而使其明确自身学习情况，激发对学习的兴趣。

3. 智能化教学管理模块

智能化教学管理模块也是以大学教师为主体。此模块通过教师的个性化设置后，将其所讲授的所有课程、内容以图表等形式清晰地呈现出来，让教师一目了然，提升其工作效率。此外，此模块还可增添班级公告、班级任务、学习监控、课堂互动、批量结课等专门的教学管理功能，让教师对学生的实时学习情况有所掌握，进而实现对学生的在线辅导、疑问解答。这一模块还可以运用大数据技术及时为学生推送本次课程的重点、难点内容。

4. 智能测评模块

智能测评模块是基于互联网资源将题库、机器阅卷等功能进行整合的重要模块，这一模块主要包括管理、机考两大系统。模块中的试题类型众多，能满足教师组织学生参加能力测试的需求。同时，部分客观题能实现自动批阅，省时高效。

（三）人工智能在教学应用中的特点

1. 教学工具智能化

利用语音识别、处理技术，学生能够实现智能高效的人机互动学习。通过专业教育的数据化处理、智能分析技术，教师可以对学生学习过程中涉及的作业等相关资料进行数据化处理，运用数据分析技术，分析学生个体对知识的掌握情况，发现其知识架构中存在的问题，并有针对性地进行与之对应的加强练习，进而优化学生的知识体系，也可通过基于AI、大数据等技术的教学系统，对学生综合测评，精准定位学生的薄弱知识点，从而智能规划学生学业。教师可以利用计算机视觉技术，通过智能学习助手在学习过程中动态捕捉学生的面部表情，再利用眼球追踪技术，将学生的注意力轨迹描绘成点分布图，从而间接了解学生学习时的专注度。同时，智能学习助手也能帮助学生根据学习过程中的专注程度来改进学习能力，例如，雨课堂智能化教学工具的应用有助于丰富教学方式方法，提高学生参与课前、课中和课后的教学活动及自主学习的积极性，有助于教师掌握学生的学习效果情况，最终建立以学生为主体的课堂教学范式。

2. 教学形式多样化

在智能化教学语境下，教学形式也会发生根本改变，并呈现多样化趋势。在网络技术和多媒体的广泛应用下，教学形式更加丰富，出现了网络教学、混合式教学、微课、翻转课堂等新型教学模式，音频、视频、动画等媒介形态和虚拟现实、增强现实技术等，这些使教学内容和形式更加多样化和立体化。教师在智能化教学过程中播放教学动画，有利于增强学生对知识的感性认识；依托大数据，将数据采集常态化，利用大数据分析进行教育评价，有利于教学数据化管理的个性化，做到精准教授、学习、管理；也可采用虚拟仿真技术（如Kinect 体感技术）进行虚拟仿真教学，提供与现实世界相似的虚拟或仿真情景，让学生身临其境地获得真实鲜活的学习体验，例如，学生使用肢体语言，无须使用复杂的控制设备，便可与内容交互，给学生带来全新的体验，也增强了教学效果。

3. 学习方式个性化

智能化教学是以学生为中心的教学，包括学生的学习、学生的发展、学生的学习效果。随着智能化技术不断发展，传统的教学模式会逐步引入更多的科技手段和方式应用于理论教育和技能教育，这不仅可以提高学生的学习效率，也可以提高教师对时间的利用率。这样教师就可以有充足的时间去做那些机器无法替代且更有价值的工作，如关注学生内心的想法和感受，关心学生学情，走进学生心灵，成为学生的心理导师，激发学生的学习动力。学生也能从传统的工厂式教学模式中解脱出来，可以自主安排学习，不用再浪费时间去适应不同教师的教授风格，在提高学习效率的同时，也能享受到更个性化的服务，在没有老师一对一辅导的情况下，利用智能技术也能获得学习反馈，掌握自己的实际学习情况，并针对问题作出改善。

二、人工智能与教学融合存在的问题

（一）教学对人工智能的过度依赖

人工智能具有知识传授的标准化、无差错、可还原、可重复等特点，能够提升教学的质量和效率。因此，简单的、记忆和理解类的低阶知识传授正在逐渐被人工智能取代。同时，教学实践对人工智能的依赖也随之产生了一系列问题。具体表现为以下几个方面：第一，盲目地相信人工智能技术，极易导致判断的偏激。例如，对有问题的学生作业进行个别化诊断，可能出现一些学生过度训练、另一些学生没有精准练习的问题。第二，过度依赖机器教学，容易导致教师的共情迟钝。借助人工智能的教学辅助，教师的教书角色逐渐弱化，从而影响育人目标的实现。其原因在于，过度的机器参与使得教师与学生的接触逐渐减少，导致教师对学生的了解程度降低，进而难以做到个性化培养和因材施教。第三，依赖人工智能，难以保证学生的道德素养、情感素养、哲学与审美素养、基于批判性思维的创新素养的建立。而这些人文素养是人工智能难以超越人类的关键特质，是未来人才的关键评价指标，不容忽视。

（二）人工智能带来的浅层学习

人工智能的发展促进了泛在学习模式的变革，打破了课堂和教材的边界，拓展了学习时间和空间，带来了体验性和探究性的学习方式。人工智能对学习的多方位支持，但也极易造成学习的浅表化现象。具体表现为过度的体验式学习会助长学生对知识立体化和可视化的依赖，容易使学生滋生思考惰性，弱化学生的思考力、创造力和想象力。过多的知识获取途径造成了碎片化的学习方式，打破了知识的系统化和整体化，由此造成的离散化和不完整的知识体系不利于知识的迁移和应用。

（三）人工智能导致教育功能弱化

赫尔巴特说过，“不存在无教育的教学”，即教学具有教育性。也就是说，教学不仅在传授知识，更在于实现对学生道德认知的提升、情感的陶冶、意志的锻炼、性格的完善和价值观的塑造。人工智能把教育和教学分割开来，极易导致教学的教育功能弱化。目前，人工智能的知识传授大多数局限于低阶认知范围，以容易理解和记忆的简单知识为主，缺乏具有复杂性、批判性和创新性的高阶思维。也就是说，单纯依赖人工智能教学的学生，可能会缺乏批判精神、探索精神、创造精神和人文素养等，即依赖于人工智能的教学只能做到教书，难以做到育人。知识或可言传，德行须得身教。要做到教育的“立德树人”势必需要发挥人和人工智能两者的优势。

三、人工智能与教学融合的策略

人工智能与教学融合的策略主要从教学理念、教学内容、教学过程和教学评价四个方面展开。教学理念是教学内容遵循的原则和目标，指导和引领教学内容的实施。教学内容补充和完善教学过程，教学过程则是教学内容的具体体现。教学评价对教学过程进行评估和分析，对教学过程起促进和反馈作用，从而进一步促进教学理念的升级和优化。整个过程形成一个闭环，通过正向支撑和闭环反馈的有机结合，促进人工智能与教学深度融合。

（一）人工智能与教学理念的融合

作为高效的技术应用，一方面，人工智能代替了传统的重复性知识传授，提高了教育的质量和效率；另一方面，人工智能也推动了人们对教育观念的反思和变革。基于此，人工智能时代的教育应从简单的知识传授转向多元化发展，培养学生的批判性思维、沟通能力、协作能力、创新创造能力；教学目标应达到培养和发展学生的人类独有能力和人工智能能力的双重目标；教师角色应从知识传授者转向学习伙伴、学习促进者和情感引导者。智能时代的教育，在以人为本的前提下，实现人机协同。

（二）人工智能与教学内容的融合

容易理解的、简单的知识体系可以由人工智能完成，而道德素养、情感素养、创造性思维等高阶思维则需要教师的引导。高阶思维是未来人才必备的重要特质，因此，在教学内容上，教师应提高对高阶思维能力的关注度。从学科划分角度来看，教学内容应从单一的、独立的学科知识，转向跨学科的、系统性的全面发展。从课堂教学角度来看，教学内容应该提倡以问题为导向，发挥学生的主体作用和教师的引导作用，从课堂知识传授转向以探究性学习、反思性研讨等提升能力为主的活动训练，从而实现学生的知识内化，提升学生的知识迁移能力。从信息素养角度来看，面对大量的人工智能应用，教师要注重培养学生对资源的选择和判断能力，应用人工智能开展学习的自主、协作、探究能力，在人机协同中的学习能力和创新能力。

（三）人工智能与教学过程的融合

人工智能与教学过程的融合体现在辅助教师、改进环境与提升学习体验上。第一，利用人工智能，辅助教师组织教学材料。通过人机合作的优势互补，智能时代的教师不再需要从事烦琐、机械和重复的事务性工作，而要重点发挥个人的情感交流、人际交往等机器无法完成的独特育人作用，将教学过程的侧重点转向育人。第二，借助人工智能技术，改进教学环境，提升学习体验。人工智能实现了学生学习空间和时间的无限拓展，使得学生接收知识的途径不再局限于课堂，而是“跳跃在指尖”。教师应充分利用智慧课堂的优势，做好人机协同。第三，充分利用人工智能的优势，知识的呈现形式和内容表现变得更具吸引力、感染力和生命力，从而吸引学生的注意力。借助人工智能，教师能够充分利用资源，做好引导，从而优化教学效果。因此，人工智能与教学过程的融合契合教育信息化 2.0 中提到的以数据为基础、以体验为中心、以智能为导向的发展方向。

（四）人工智能与教学评价的融合

借助人工智能的实时监控、数据采集和精确分析，教学的个性化评估和及时性反馈的效率和质量得以大大提高。因此，充分利用人工智能，以评价促教学，可以促进教学过程的持续改进和优化。首先，教学活动可以充分借助人工智能的实时监控功能，获取海量的教学和学习数据，从而为科学动态评估教学和学习提供依据。其次，智慧课堂的介入，使得海量的监测数据流动于教学过程中。因此，整个教学活动可以将评估学习表现和诊断教学质量贯穿教学全过程，实现伴随式教学和评价，从而更好地发挥评价的导向和推动作用。最后，依托人工智能的个性化评估，可以充分拓展教师观察学生的深度和广度，帮助教师以更准确的数据掌握学生的学习状态和进度，从而真正实现因材施教。

四、人工智能赋能教育高质量发展的愿景

（一）高质量学生学习：精准拟真和多元个性的智慧学习

在人工智能技术的支持下，学生学习呈现出精准化、拟真化、个性化的发展趋势：第一，精准化主要体现为对学生学习情况的动态分析、过程可视化和实时预警。实时捕获和识别学习者的课堂行为数据（动作、语言等）、心理数据（情绪、人格等）、生理数据（血压、脑电波等）等多模态数据，可以更

加全面、准确地反映学生的认知提升、高阶思维发展等情况，精准预测和干预学生学习状态。第二，拟真化体现为教学情境的强交互性和高仿真性，智能技术、XR、数字孪生、元宇宙、5G网络等构建的课堂教学空间具有高传输速率、低延时等特点，增强学习积极性与投入度，使学生学习更为沉浸。有研究者在建筑、工程、建造等课程中采用VR、AR、数字孪生等技术，开发了沉浸式虚拟教学模块，用以开展在线远程教学，激发了学生的学习动机，提高了其学习积极性。第三，个性化体现为学习服务的自适应支持，知识图谱、深度学习算法等可以实现教学资源与学习支持的自适应推送，更好地满足学生的多元需求。

（二）高质量教师发展：数据驱动和画像技术支持的智能教研

顺应人工智能发展潮流与新时代教师专业发展的要求，教师教研势必要向以数据为基础、以画像技术作支撑的智能教研方向迈进：一方面，基于数据，人工智能赋能教研外显的管理、评价等，能够提高教师的教研效率与质量。例如，智能机器人可以代替教师完成某些特定的教学任务，开展辅导答疑、学习数据分析、效果预测等活动，将对学生学习有较为积极的促进作用。另一方面，画像技术能够有效服务教师精准教研。教师画像对教师行为特征进行客观表征、准确发现、动态预测，既有助于教师自我诊断、评价教研绩效、反思教研过程，也有利于教育决策者对教研活动的循证管理和监控。同时，多模态数据的收集和教师教研特征指标的建立，为揭示教师智能教研机理与规律提供了更为全面、清晰的表现手段。

（三）高质量学校建设：人机协同和人本安全的未来学校

人工智能、大数据等新技术的兴起，使得当前学校的人才培养机制不能满足社会发展需求，“未来学校”呼之欲出。2020年，经济合作与发展组织发布《面向未来教育：未来学校教育四种图景》，为2040年的学校建设提出了学校拓展、学校外包、学校作为学习中心、泛在学习四种设想。通过人工智能赋能，未来学校将具有以下新的特征。第一，人机协同成为学校发展的新形态。人工智能在学校教育中具有替代、增强、调整、重构的作用，并且可以替代教师在学校中的部分职能，增强学校教育媒介的传播效果，调整学校教育系统的结构格局，引发学校教学和管理模式的变革，重构学校教育生态。第二，学校强调实现以人为本的服务目标。人工智能赋能的未来学校，将更加注重师生的个体差异与体验，以智慧诊断作为提供人本服务的依据，以富媒体化形式提供多样服务资源与服务路径。第三，学校安全问题受到高度重视。有学者在针对智能技术支持的智慧校园建设构建评价指标体系时，就将校园用户的安全性作为智能服务水平的评价要点之一，以保证学生的安全、健康成长。

（四）高质量教育治理：数据驱动和智能预警的教育管理

利用智能技术支撑教育治理能力的提升，是推动教育高质量发展，促进学校、政府、社会等多主体协同发力的重要措施。一方面，大数据、区块链等技术的使用实现了数据驱动科学决策的突破，教育管理手段由基于经验的模式转向以证据为基础，通过人工智能和数据技术形成人技协同、“校—企—政”协同参与的决策模式，以教育管理数据促进管理透明化，以明确计量、科学分析、精准定性提高教育决策的透明度、科学性和预见性。另一方面，人工智能具有强大的监测和预警功能，支持建立教育过程实时监测与智能预警系统，当教育教学的实时状况与预设条件不一致时，预警系统即可启动，帮助管理者和教师在第一时间发现问题，实施紧急预案，以此来降低因发现问题滞后而造成的损失。

（五）高质量教育评价：精细化和多模态的伴随式数据采集

人工智能赋能教育评价正走向教育评价改革的主战场。在评价方法上，人工智能、大数据、脑科学等技术突破了传统纸笔评价的局限性，使学生知识测评和能力评估向过程性、动态性、高阶性、综合性转变，有助于推动结果评价、过程评价、增值评价、综合评价的实践探索，评价方式更加精细多元。例如，有研究者在编程教学过程中，借助学生眼动数据对其编程能力进行实时诊断，通过分析学生在教学互动过程中编程能力的变化，系统评估了教师教学的有效性与学生的学习掌握情况。而在数据采集上，利用无痕式、伴随式的多模态数据采集技术，构建基于深度学习模型的多模态学习方法，可以充分发挥多模态数据优势，为学生心理特征和认知能力评估提供更为有效的观测方式。

（六）高质量教育公平：规模化的个性化教育服务供给

在教育高质量发展的背景下，教育公平正由起点公平迈向更加关注学生发展需求的过程公平和充分发挥个性潜能的结果公平。人工智能帮助改进学习效果，提升教育质量，促进教育公平，成为加速推动教育迈向更加公平、更高质量阶段的核心动力。人们对教育的期待不再满足于“有学上”和“配齐”教育资源，而是更加关注“上好学”和“配好”教育资源。教育的高质量发展，急需教学模式与方法上的创新。因此，构建学生精准画像，为教学提供数据依据，将促使教学变得更加高效。同时，尊重学生个体差异，成为追求教育结果公平的终极目标。人工智能通过精准帮扶和多样化优质供给，使大规模的个性化教育成为可能。例如，基于智能化教育服务平台提供远程送达式规模化学习资源和远程协同互助式精准教育服务，可使优质数字资源得到成千上万倍的运用，真正实现规模化与个性化的统一。

第二节　教育 App 在教学中的应用

一、教育 App 概述

（一）教育 App 的内涵

App 是移动设备得以实现信息承载和交互功能的基本运行载体，最初 App 只是作为一种第三方应用的合作形式参与到互联网商业活动中，随着互联网的飞速发展，现如今的 App 开始作为一种盈利模式出现。企业通过 App 可以积累大量的网络受众，从而达到产品营销宣传的目的，App 庞大的流量也可以获得较大的利润。随着移动 App 应用的不断普及，各个领域中都兴起了各种形式的移动 App，同样，在教育领域中有移动教育 App。教育 App 即应用于移动智能终端，能够帮助学习者学习的应用程序。在我国移动教育的萌芽期，为了能够更好地提高教学效果，教育工作者开始将各种移动网络技术应用于教学活动中，目前移动教育 App 也得到了广泛的应用。应用各种形式的移动教育 App，一方面，可以通过新颖的教学模式激发学生的学习兴趣，学习者可以不受时间空间限制，随时随地利用零散的时间进行碎片化学习，学习的时间和机会增多了；另一方面，移动教育 App 有丰富的教育资源，交互性强，所以更加有利于满足学生个性化学习的需求。学习者自主性增强，学习兴趣被激发，可根据自己的喜好、进度来学习，学习的效率也能够得到提高。

随着计算机技术以及互联网技术的飞速发展，传统的教学模式已经无法满足计算机教学的需求，创新和改革是必然的趋势。移动教育 App 具有移动化、社交化、游戏化、个性化、智能化、情境互动化等特点，将其应用在计算机教学中可以有效提高教学质量和效率，促进计算机教学的改革和创新。

（二）教育 App 的优势

基于移动教育 App 的线上教学模式能够摆脱时间和空间的限制，提供多样化的学习方式，相较于传统线下教学模式具有较显著的优势。

1. 学习资源优化整合

教师可以通过移动教育 App，将各种形式的学习资源（包括教学视频、PPT 课件、文档材料、练习题库等）进行有机结合，并将资源整合在教学平台中，形成各个教学和学习模块，打破资源壁垒，将所需的知识信息及时有效地推送给学习者，为学习者碎片化学习提供支持。同时，移动教育 App 还能最大化地实现资源共享，便于教师对课程资源信息的及时更新。

2. 深化互动的学习环境

移动教育 App 能够深化线上线下的教学互动，App 的讨论、抢答、点名、提问、投票、评价、分组、游戏等功能，能够丰富教学模式，活跃教学气氛，实现师生之间、生生之间以及学生与平台之间的多维度互动，这可以在很大程度上改善学习者的学习体验，提升教师的教学成效。

3. 有效的碎片化学习

相比其他学习阶段的学生，高校学生有更多的课余时间，他们可以灵活运用这些课余时间来安排他们的社团活动和学习活动，但是这些课余时间通常是碎片化的、零散的，传统的线下教学模式很难实现有效的碎片化学习。基于移动教育 App 的线上学习模式可以帮助学习者有效利用碎片化时间进行碎片化知识的梳理。通过碎片化知识的有效整合，学生可以形成系统的知识结构，对知识点根据其内在逻辑进行重新排列组合，可以实现模块化的自主探究学习。

4. 学习方式人性化

不同的学习者有不同的学习习惯和风格，思维方式也存在着很大的差异，然而传统的教学模式通常要求所有的学生按照教师统一的教学设计和安排来完成课程学习，这在很大程度上抑制了部分学生在学习中的主动探究热情。但移动教育 App 能够很好地满足不同学习者不同的学习需求，学习者可以根据自身的学习习惯灵活选择移动教学平台所提供的学习服务，根据自身的知识结构灵活选择自己所需的学习资源，根据自身的学习情况调整自己的学习节奏，使整个学习过程更加人性化。

二、教育 App 与教学的融合应用

（一）教育 App 教学应用设计

随着信息化教学的推广，现在的课堂虽然已经增加了白板、PPT 课件、投影等多媒体元素，但仍然存在着缺陷，如学习中的互动、学习者的兴趣、学习情境等因素仍是现代教学中应多加思考的方面。智能手机等移动设备的普遍使用与无线网络的全面覆盖，使得移动教育 App 在教学应用的开发中已得到广泛的重视。移动教育 App 在教学中的应用打破了传统教学与数字化教学的局限性，因其灵活与广泛的特性，不受时间与空间的限制，帮助学生摆脱了固定教室与设备资源的束缚，可以随时随地学习，也可以自由选择学习的内容，从而能够促进开放性教学的开展，提升学习效率。

如今“低头族”普遍存在，课堂玩手机的现象屡见不鲜，如何转变这种现象，激发学生的学习兴趣，使“绑架”学生的智能手机在教学中发挥重要的作用呢？

以英语课程学习为例，当前英语教学存在着诸如语法等重难点难以理解、视听说练习缺乏、口语练习过于单调、课堂环境不满足学习情境需求等问题，导致学生口语表达能力薄弱、语法使用混杂、词汇发音不标准、死记硬背等问题时常发生，学生往往不能深入学习。然而，教育类 App 的使用可以解决大部分问题，其在教学中的应用值得深入研究。

在课堂教学中，教师可以通过 App 在课前发布一些与课堂教学有关的小视频或者英语演讲、文化背景等内容来激发学生的学习兴趣。如需检测课前预习或者巩固课堂内容，教师可要求学生使用在线模拟测试功能，快速产生对学生成绩情况的分析概述。根据成绩情况，教师可以发现学生存在的知识盲点，有针对性地提出重难点，一起探究讲解，对重难点进行巩固学习。

教师可以利用 App 创设符合学习要求的口语表达环境，设置角色扮演环节，更易于学生练习，增添学习的趣味性；也可以通过 App 在课堂上开展相关语法、词汇的小竞赛，以游戏化的形式激发学生学习动力，打破传统课堂的枯燥乏味。教师可在课堂上适当采用探究性学习方式，要求学生自主探究，浏览文章内容，对自己觉得重要的知识点进行圈划标记，并通过 App 平台进行发布，和大家一起探讨，使学生对知识点的记忆理解更加深刻，同时增强互动性。

教师可通过 App 发布基于小组协作的任务，小组成员积极配合，出谋划策，可通过组长发言或整组汇报的形式来完成小组任务，或者通过上传作品展示成果的方式完成任务，从而培养学生的协作能力与沟通交流能力，在沟通交流中了解其他成员的观点、意见和想法，进行整合综述，培养学生的团队意识与集体精神。

教师还可以通过 App 布置课后作业、学习任务，也可推送相关英语知识动态、英文报道等，让学生在闲暇时间训练英语的同时了解时事动态。教师还应设置拓展延伸模块，供学生进行拓展练习，以便更深入地钻研所学知识。

（二）教育 App 教学的具体应用

1. 移动教育 App 在课下的应用分析

教师可以根据教学内容制作移动教育 App 程序，根据计算机课程的特征，制作一个时长控制在 10 分钟左右的教学视频。教师还要准备与课程相关的学习资源包，并上传至移动教育 App 程序中。完成 App 管理后，教师通知学生使用智能手机终端观看教学视频，达到课下课前预习的效果。学生要根据教师提供的学习资源以及教师布置的学习任务进行自主学习，可以在 App 程序中根据自己的学习情况选择自己需要的教学视频。通过在计算机教学课下应用移动教育 App，教师可以更好地利用学生的课下时间，促使学生在课下做好课前预习以及课后复习，从而强化所学的知识。另外，教师在课前教学过程中，还可以通过移动教育 App 监督、检查学生自主学习的详细情况。教师利用 App 程序可以实现线上与学生进行学习讨论、回答学生的问题等操作。移动教育 App 在课下的应用不仅可以促进学生在课下自主学习，还可以利用课下的时间拉近教师与学生的距离，从而使得教学活动更加有效地开展。

2. 移动 App 在课上的应用分析

学生将在课下学习中产生的疑问带入课堂，教师通过移动教育 App 呈现出学生提出的疑问和问题，和学生共同参与针对问题的交流讨论，在交流讨论的过程中对问题进行解决。这样一来，在课堂上教师可以提前了解学生的课前预习情况，根据学生提出的疑问以及碰到的问题，可以更加有针对性地进行教学，从而使得教学更加高效、有序。在完成探讨和解决问题之后，学生根据教师的要求进行作品的制作。在学生制作过程中，教师要注重给予其独立实践操作的机会，以此培养学生独立完成任务的能力。课上教师还要注重评价反馈，可以要求学生对本次课程的情况通过移动教育 App 进行总结评价以及教学反馈。这样一来教师能够更加直观地了解课程教学的不足之处，从而及时进行调整。同时，教师对学生的不足之处也要在移动教育 App 上指出，这样一来可以对学生起到有效的激励作用。在课上教师还可以通过移动教育 App 为学生们布置课堂任务，或者通过移动教育 App 为学生们推送一些教学视频、教学图片等，这相比板书而言在很大程度上节约了教学时间，也提高了学生的学习效率。

3. 蓝墨云班课 App 具体应用分析

蓝墨云班课是一款被广泛应用于教育事业当中的学习 App，现就以蓝墨云班课 App 为例，分析其在教学中的应用。首先，在课程开始之前，教师应要求学生通过智能手机下载蓝墨云班课 App。通过 App，教师建立与课程相关的班课，在班课中教师要上传与课程相关的海量计算机学习资源，以供学生自主预习和复习。其次，在教学课堂上，教师可以让学生利用蓝墨云班课 App 进行上课签到，这样可以有效节省课堂点名的时间。在教学课堂中，当讲解完一单元的知识后，教师可以从蓝墨云班课 App 的题库中调取学习资源，对学生的学习情况进行测试。总而言之，将蓝墨云班课 App 应用到教学中，可以有效调动教学的氛围，同时教学质量和效率都能得到提高。另外，利用蓝墨云班课 App 还可以完成教学中一门课程所有内容的教学，包括课前预习、课中内容教学、课后复习等各个方面。教师可以将课程教学内容上传至终端。在上传终端之前，教师需要对教学内容进行规划和整理，对于一些教学重点和难点可以利用一些视频、图片等帮助学生理解。在完成教学内容的上传之后，教师可以让学生通过移动智能手机登录到蓝墨云班课 App 中，通过 App 进行学习。这种教学方法不仅可以提高学生的兴趣和积极性，还可以在很大程度上帮助学生更好地理解知识，从而提高教学效果。

三、教育 App 在教学应用中的改善对策

（一）高校方面

1. 构建高时效、立体化的互动模式

教育 App 应体现交互性特点，构建校内与校外一体化的高时效互动模式。这种互动模式强调启发式讨论，通过流媒体技术实现，在互联网时代，应侧重

通过云计算等信息技术实现教学决策数据化、评价反馈即时化、交流互动立体化、资源推送智能化，大大增强教学效果。

2.创造良好的情境式学习体验

在“娱乐中学习，在学习中娱乐”是互联网时代下成长的青年群体的强烈偏好。高校引入游戏互动学习模式等手段更能吸引年轻人。良好的情境式体验、不断创造学习的欲望、利用碎片化时间学习是未来教育 App 发展的方向。

（二）教育 App 方面

1.注重品质的提升

从大学教育的发展趋势看，未来实现提升大学教育能力、教学质量和大学生学习品质的目标必然依靠对教育 App 的熟练运用。如何更好地契合教育、教学和自学的要求是该类 App 的关注要点。所以，有关单位今后在开发和设计教育 App 时应更多鼓励教育类专业人员的参与，从教育 App 内容的创新性、专业性、丰富性和针对性，以及教师和学生的使用习惯和特点等方面进行优化，开发设计出更多适用于大学校园的教育 App。除此以外，现在的教育 App 品种虽多，但质量参差不齐，部分原因也在于我国目前对教育 App 的品质尚没有较为专业的评价标准和评价机构。因此，今后建立完善的评价体系也有助于提升教育 App 的品质。

2.用好大数据分析

大数据分析的优点是能通过量化数据对用户的习惯和特点进行精确分析，从而为教育 App 的开发提供客观而准确的依据。随着大数据分析技术的发展，大数据可以对学生本身的思维和行为进行深层次的分析，从而根据学生的特点设计与之匹配的操作方式。根据学生的需求推送与之相符的教育资源和学习资源是教育 App 提升用户体验和使用效果的必由之路。除了提供更好的资源以外，今后教育 App 还应考虑为教师和学生个体提供可靠的大数据分析和评估服务，从而帮助教师和学生根据情况及时调整教育教学和学习计划，这对提升用户的教育教学和学习效果具有重要意义。

3.加强推广与监管

教育 App 作为新生事物正逐步走入大学校园，如何利用好这个工具实现教育教学和学习质量的提升，这一问题值得重视。首先，应加大对教师和学生的宣传和培训力度。教师是教育教学的引导者，学生是学习的主体，两者对教育 App 的理解和掌握对其在教育教学和学习中有效使用教育 App 有至关重要的意义。教师和学生首先应具备选择合适的教育 App 并知道如何正确运用的能力。其次，利用教育 App 对教育教学和学习行为进行精确分析并为之提供有效指导的基础数据。因此，相关部门应建立相应的法律规章制度对其进行监管以降低数据被盗用和泄露的风险。

第三节　微信平台在教学中的应用

微信作为移动互联网即时通信技术应用最广泛的产品之一，已经覆盖中国 90% 以上的智能手机。众所周知，微信不仅仅是一个聊天软件，它还集成了“朋友圈”“公众平台”等社交插件。众多的社交功能无疑增强了微信的用户黏性。微信在智能手机上的高覆盖率也为利用微信平台进行课堂互动提供了有利条件。

一、微信平台在教学中的应用优势

（一）及时发布课程信息

微信订阅推送模式具有便捷、及时、精准、移动、低成本等特点，能够方便相关课程信息和学习资源的推送，学生能及时接收课程资源进行学习。并且微信集合了已有信息传播工具的优势，能发布文字、图片、语音、视频等多种形式的信息，从而呈现出多样化的学习方式。

（二）高效沟通交流

微信的即时通信服务为教师与学生之间构建了一个双向对等的沟通交流平台，教师向学生发送信息后，学生可以立刻接收，并向教师提问、求助，教师得到反馈后可立刻回复有关问题，还可以建立微信群，参与学生的讨论，及时帮助学生解决学习中的困难。

（三）低成本、高利用率

作为一款免费的即时通信应用软件，微信功能强大，资费低廉，可跨平台操作，硬件要求较低，其背后有着专业、庞大的开发和维护团队。将微信运用到教育领域，创建相关学习支持平台，不仅可以降低开发和维护费用，提高学习资源的传播效率和利用率，还能有效避免学习支持服务过程中出现的服务问题。

二、基于微信平台的微课应用开发

（一）应用开发原则

基于微信平台的微课应用设计原则首先需要从一般微课设计原则入手，并与微信平台的相关界面设计相结合进行研究。因此，下面主要针对微信平台的微课内容开发和微信平台的用户功能界面开发这两个方面进行介绍。

1. 微课内容开发原则

（1）精简原则。面向微信平台而定制的微课，一般通过智能移动设备展示，呈现屏幕有限，必须使微课内容精要化、突出实用性、直击重点难点问题，并且要让微课容量更加短小和集中，使其适合移动网络环境下接收和查看。

（2）独立整合原则。微课通常是将整体知识体系分割进行讲解，知识组块之间是相对独立的、松散的，虽有分开的单独透彻的讲解，但是整合起来又要有一定的逻辑体系，微课的知识点在呈现过程中须体现出课程间的结构性和连续性特点。

（3）灵活呈现原则。微课在开发过程中可充分挖掘微信平台的多样化媒体传播方式，根据实际教授的内容灵活采用适合的媒体表现形式。教师在微信平台推送的微课资源中可加入并搭配相关图文、语音等多媒体呈现形式共同输出传播，让学习形式更加简洁、直观、碎片化。

2. 用户功能界面开发原则

（1）简便操作原则。微信作为一款移动交流与即时互动的软件，给用户带来的是直观、简约、易用的体验。微信公众平台用户操作界面应当简便，易操作。教师可利用微信平台设定相关关键字和自定义菜单功能，与其相对应的微课资源进行绑定，为学习者提供清晰明了的微课学习导航，以有利于学习者查看和检索微课资源。

（2）简洁直观原则。微课资源推送排版设计可充分利用微信平台的素材管理功能，对微课视频资源及图片文字进行搭配，同时注意图片的大小尺寸、位置等的合理使用，不使用单一的颜色搭配，可以采用不同的字体颜色及背景突出重点。界面能够引导用户的视觉流，在微信上是从上至下的流式排版，可在同一版面上划分好微课视频资源区和图文资料区，这样高效合理的排版便于学习者学习微课，形成直观便捷的学习资源模块，为学习者提供赏心悦目的学习界面。

（3）风格一致原则。在整体开发过程中，为了体现微课与微课间的关联性与统一性，无论是微课板块还是在课程内容、图文搭配设计上，都尽量保持排版效果和风格一致。

（二）应用开发流程

面向微信平台的微课开发还要以传统教学设计为基础，遵循一般教学设计过程，在此基础上结合相关移动学习的设计原则，使之充分利用移动设备，发挥随时随地学习的优势。微课的设计通常采用 ADDIE 模式——A 分析（着重分析学生与教材）、D 设计（内容结构、表述方式、视觉设计）、D 制作（选择方式、录制、后期加工）、I 应用（课前预习、课中辅导、课后总结）、E 评价（微视频评价、学习效果评价）等五个要素来设计的。

1. 学前分析阶段

（1）学习者特征分析。通过分析学习者特征，教师可以了解他们的学习风格、准备情况等，以此为依据，为他们选择合适的学习内容、设置科学合理的学习目标、开展有针对性的教学活动、选择正确的教学方法、挑选相适应的媒体，这样才能提高学习者的学习能力，提高他们的学习素质。

在基于微信的微课设计和开发的过程中，教师首先需要对学习对象的特征进行分析，其次是分析学习者特征，要确定学习者的初始水平、认知结构、移动学习环境、学习风格、学习特性及其兴趣所向，以学生的学习作为出发点，设计出适合移动学习的微课，为针对微信平台的微课开发提供理论和实践依据。

（2）学习需求分析。分析学习需求需要较长的时间，这是一项系统工作。通过分析学习需求，教师可以获悉学生当前的学习情况以及他们和学习目标的差距；能发现学生学习中存在的问题，并明确问题的原因，选择解决问题的合适途径；能使课程开发更有效地进行下去，提高微课的教学利用率，并能有效避免所开发的微课不能解决教学实际问题的情况。

（3）教学目标分析。教学目标呈现的是学生学习后所要达到的学习成果，教学目标包括认知、情感和动作技能三个领域，它是教学活动的出发点也是立足点。教学目标的设定应力求明确、具体，可以观察和测量，能为确切把握微课教学设计的设计者提供大致方向，有利于为学生制定恰当的教学策略，选编合适的教学材料，以及合理地评价学生的学习效果。因此，基于微信平台的微课的教学目标设定，可以在确定总体教学目标的基础上，根据学习者的学习情况和反馈信息进行适当的调整和完善。

（4）教学内容分析。微课的知识内容与传统知识内容有所不同，它具有容量小、相对独立、半结构化、开放、易生成等特点。微课的教学内容分析可根据这些特点将教学内容按照一定的学习顺序分割出来，作为相对独立的单元，在公众平台中设置的微课单元作为一个微课体系具有独立性；然后以课程教材为基础，确立每个微课间的排列顺序，使微课能更好地与教材内容相结合。

（5）“双微”学习环境分析。微信环境下的微课学习在理论上实现了无时差、零距离的实时动态交互环境。无论是微课教学设计还是与微信平台的教学交互过程都要贯穿于这个交互环境当中，教师只有进行一定学习环境分析后，才能更好地设计出微信与微课的学习活动。目前移动网络普及，移动设备广泛使用，微信的使用已经延伸为人们日常生活的一部分。微信的多样化传播方式也在学生群体中受到青睐。现如今高校中的有线和无线网络已基本达到全覆盖，教师推送微课到微信平台供学生学习，并及时与学生进行互动，可以通过掌握学生的所思、所想、所需，对教学进行整体把握，营造良好的学习氛围。

2. 教学应用设计

微课的教学应用设计，主要包括微课教学内容设计、微课辅助内容设计、学习评测设计，即教师从教材分析中得到知识点内容设计后录制微视频，并依托微信平台设计辅助微课的图文信息，然后进行作业发布和评价。

（1）微课教学内容设计。在微信平台呈现的微课需要考虑到学生在查阅、观看课程内容时，无法随时使用无线网络并且需要耗费一定移动数据流量的情况，微课视频在设计时就要求我们更加具有目标性和针对性，立论要简而精，除了推送微视频之外，可同时结合微信平台的多样化媒体推送功能，搭配一些适合于移动数据环境下接收查看的教学图文信息，如 PPT 等，支持微课视频中的相关课程内容。

（2）微课辅助内容设计。微视频是支持整个微课学习过程的核心教学资源，在微信平台中添加相关辅助教学资源可以支撑和补充完善课程的学习。教师在辅助内容的设计中可充分挖掘微信平台的多元化媒体支撑优势，提供语音、网页链接等，同时加入一些重要的知识内容，如科学成果、专业动态等信息，帮助学生获取较多的专业课程知识。微视频课程时间较短，通过添加、补充相关辅助学习内容能深化学习活动，并能满足学生的个性化学习，学生可将提供的辅助资源按照自己的兴趣爱好进行扩展和深入学习。

（3）学习评测设计。教师结合所学章节通过微信平台发布测试题给学生进行练习，同时对学生的学习结果进行评价。教师在设计与知识点相应的测试题时应当紧贴教学目标，并做到有趣、简洁，可根据教学情况总结归纳并提供相关典型习题的讲解视频推送至微信平台。学生在解答过程中有疑问可以在微信平台留言，教师可随时掌握学习情况并进行反馈，让讲解、答疑等过程可以延续下去。

3. 微信用户引导界面设计

微信为用户快速提供文字、图片、视频、音频等信息，能很好地配合微课的应用和传播，随着微信后续功能的不断开发，用户引导界面设计也将不断改进和优化，充分体现以用户体验为中心的思想。用户引导界面设计的流程，要遵循微信界面设计原则，其核心为界面精简、设计逻辑清晰。微信用户引导界面设计流程如下：了解用户需求→根据用户需求进行设计→优化用户界面逻辑→设计界面功能→用户测试→修改→确定用户界面。

在前期了解用户学习特征、学习目标和学习需求的基础上，开发者可对微信平台界面添加相关自定义菜单导航，同时在布局上精简相关用户操作，突出相关核心功能，让用户直观地使用，并且界面配色要合理，突出学习内容中的相关重点和难点问题。教师可利用设置不同的字体颜色、添加下划线等方法增加学生的关注度，并进行相关用户测试，在使用的过程中不断完善和修改。

4. 教学交互设计

以微信平台为基础开发的微课资源，通过发挥微信平台的各种优势，可以及时传递信息，加强师生之间的交流与互动。微信平台的微课资源建设不仅是课程信息的推送和传递，还必须将微课资源和平台构建相结合，形成更加细化和深化的学习互动循环体系。

教师要通过一系列的交互设计来支持学生完成整个课前、课中、课后学习活动过程，不但需要帮助学生完成自主学习、辅助课堂教学、课后复习巩固，而且需要想办法提高学生的参与度和学习兴趣。交互性设计主要包括专题学习设计、学习活动设计、学习支持服务设计这几个方面。

（1）专题学习设计。微课的学习通常是基于一个知识点的学习，比较有目标性和针对性，在微课的教学过程中，学生可以筛选和提炼出一节或者几节微课作为学习专题进行学习，与微信平台的一些功能模块结合起来开展。

专题学习设计通过微信平台发布一个学习板块，其中包括专题学习任务、目标，学习资源包，实施过程，成果汇报及评价等。选取的题目一般围绕课堂教学的实际问题或者操作难点进行。专题学习的实施可以配合传统课堂同步学习，也可应用翻转课堂，学生可根据自己的进度进行自主学习，课上参与讨论，在学习结束后对其学习成果进行检验和测评。专题学习可以作为教师辅助教学的有效手段，也可成为学生深入学习的实用工具。

（2）学习活动设计。为了增强与学生间的互动黏性，教师可以发起线上线下学习活动，设置一些教学问答环节、讨论环节，可采用微信的语音交流功能，并利用朋友圈的群聊功能发起问题的讨论和答疑活动，给予学生相关反馈信息，通过进行师生、生生之间的互动，形成一个互帮互助的良性交流环境。教师还可要求学生将作业、作品上传至微信群进行交流分享，并进行一定的评定和监督，可将优秀作品进行展示，从而增强微信交流的活跃度和关注度。教师在进行活动设计的过程中应当注意以下几点：第一，问答设计要立足于教材，以知识入门为目标，能引起学生兴趣；第二，设置一些启发学生课程学习的趣味性讨论话题，尽量贴近实际生活，使其更能引起共鸣；第三，及时反馈并回答学生问题，在讨论过程中教师要随时引导，防止讨论偏题。问题是生成性的，可以随着讨论逐渐深入，答案也是生成性的，可以随着讨论逐步完善；第四，鼓励学生展示自己的学习作品，引入奖惩机制，对于作品优秀、积极参与回答问题的学生，其累计表现将计入学业评测当中，以充分调动学生的积极主动性。

（3）学习支持服务设计。微信平台中的微课学习大部分是以学生为中心的自主学习，这就需要为学生在个人学习环境中提供相关学习支持服务来帮助学生顺利完成微课的学习。通过设计相关学习支持服务，学生可在移动环境中学会利用手机微信体验学习过程和享受学习服务。学习支持服务包括信息服务、资源服务、人员服务、评估服务、设施服务。在基于微信平台的微课的使用过程中，需要向学生提供以下几个方面的学习支持服务。第一，信息与资源服务。提供相关微课资源、辅助课程信息的推送与发布，还可在后台中设置关键字与相应课程资源进行绑定，学生可自行查找，从而实现学习资源的自动推送；开通公众平台自定义菜单，设置清晰明了的导航，以便学生能自主学习。第二，交流互动支持。教师应借助微信平台进行教学展示与互动，随时掌握学生学习情况，帮助他们解决学习过程中的困难和问题。微信平台能让教师与学生的互动更加频繁，教师应鼓励学生发表自己的看法和互相交流，引导并帮助学生建立优质的教育教学平台。第三，反馈分析与优化。在微信的运用过程中教师要重视学生对微信微课建设的反馈，注重数据分析，可将微信作为一个方便快捷的调查平台，通过学生的一些信息和偏好进行统计和分析，进而对学习资源建设、资源推送时机和选题方向进行改进和优化，并根据学生需求随时进行调整和安排。

5. 微课视频开发

微信平台的微课设计时长可以依据微课“短、小、精”的特点，并按照学生可在较短的时间内实现学习目标的要求设计课程，所以微课中的视频时长都在 3 ～ 5 分钟。微课要按照教学内容分析、学前分析和学生分析后的结果，选取视频内容，并录制完成视频。具体的开发过程包括微课的选题、教学设计，接着是微视频的拍摄、编辑、视频输出等环节。首先，微课选题要根据课程的切实需要，安排教学上的重点难点、操作要点作为拍摄微视频的首选。其次，对选题进行教学设计，包括确定教学目标，重点难点，教学过程，评价、反思。

教学过程设计后进行视频的录制。目前比较常用的微课录制方法有以下几种。

（1）使用手机、数码相机、摄像头等工具，拍摄表演、课堂、黑板等教学环节中的一些微课教学内容。

（2）使用电脑中的软件录制视频，将利用手写板、画图工具、Word、PPT 等软件完成的教学活动录制下来。

（3）使用一些动画软件制作完成微课教学内容。采用动画方式提出解决学习重点和难点问题的方法，动画视频具有形象、生动、有趣的特点，能够吸引学生的目光。

制作微信平台中的微视频可依据教学内容挑选制作视频的方法。在制作视频前，教师必须完成制作脚本，脚本能够为视频的制作和教学活动的开展提供指导。在分析学习内容后，教师按照教学设计要求将脚本改编成视频录制内容，同时设计媒体展现方式和界面。

（三）应用实施设计

1. 与常态教学相结合

依托微信平台的微课资源可嵌入课堂学习当中，能在知识传授的过程当中丰富学习体验和教学形式，结合课本的内容并配合微课的学习，激发学生的学习兴趣，增强学习效果，还可将其作为专题研修材料，组织课题学习活动，引发学生积极思考，有效提高课堂学习活动的效率。

2. 与翻转课堂相结合

教师可将翻转课堂和微课融合在一起开展教学活动。基于微信的微课翻转课堂的实施主要会向学生提供以视频为主的学习资料。学生通过微信平台实现知识的获取，可根据自己的时间进行查看学习，教师还可推送一些配套练习，学生以此检验自己的学习结果，如遇到一些知识盲区可反复观看学习资料，还可留言给自己的老师。教师将收集到的问题进行归类总结，在课堂上进行有针对性的讲解和讨论，从而实现知识的内化和吸收。

3. 与移动学习相结合

随着移动互联技术的不断发展、无线高速宽带网络的覆盖和智能手机的普及，各种应用软件和新媒体的应用也都趋向于移动化，使得移动学习变得更加常态化、实时化、泛在化。以微信为例，其不仅能提供强大的多媒体传播功能，集成常见的图文、音频、视频精准推送，还能进行实时交互，随时进行提问和反馈。所以基于微信的微课的实施能为移动学习提供很大的便利。结合“双微”课程具有的一系列特点，如容量小、开放程度大等，其有利于在移动环境中开展学习活动，能够培养学生随时学习的良好习惯。

（四）应用评价

评价微课可从以下几个方面进行。首先，评价微课的教学效果。微课必须有一定的实用性，要能实现教学目标，完成教学任务，解决实际教学问题。其次，评价微课的设计是否符合学生的认知与视觉心理。微课的内容设计要直观准确，能让学生在短时间内完成学习活动。最后，在设计微课的过程中，设计模式是否可以根据实际情况进行灵活调整。微课在开发过程中要根据先前的评价结果进行及时完善和优化。

（五）实施注意事项

首先，控制干扰因素。依托微信的微课在使用的过程中难免会受到一些与学习无关的信息的干扰，这在一定程度上会影响学习质量。目前，关于微信软件在教育领域存在的干扰问题还没有相对完善的解决措施，需要在教学过程中逐步引导和增强学生的自学能力和抗干扰能力。

其次，完善监督与引导。教师的引导应当贯穿于教学的整个过程，营造丰富的学习体验环境需要在教师科学合理的指导下进行才能发挥其良好的效果。微课学习在突出学生主体学习地位的同时，不能忽视教师的主导地位。

最后，挖掘教学深度。一是对微信后台数据要进行深入分析，从中明确把握学生的需求，为今后教师如何更好地设计教学、开展教学活动提供依据。二是围绕教学挖掘微信与微课的融合深度，逐步打造功能完备、适宜使用的“双微”教学服务。

三、基于微信的问题导向教学模式策略

问题导向教学主要包含教师活动、学生活动以及问题情境三个主要元素，而微信环境下问题导向教学由教师活动、学生活动、问题情境以及微信环境这四个主要元素组成。在微信环境下，问题导向教学模式策略为学习者建构了一个集微信公众平台、微信群以及朋友圈为一体的实时交互的空间环境，促进了师生之间、生生之间在此环境中快速沟通与交流。微信除了作为基本交流工具以外，还具有收集信息、辅助认知和多元评价等功能。学习者在整个问题导向学习过程中围绕问题解决而展开，教师以促进者、组织者以及合作者的身份为学生答疑解惑，完成知识的建构，进而解决问题。问题情境是问题导向学习成功的关键要素，所以教师在微信环境下开展问题导向教学实践活动之前，要对教学内容、学习者特征进行分析，确定教学课程目标以及完成微信平台下PBL 环境的创建。

（一）问题情境创设

问题导向教学围绕系统的、真实的、劣构的问题情境展开，为学习者进一步开展学习活动奠定稳定的基础。问题的选择或者设计应该考虑学生的最近发展区与社会情感的需要，唤起学习者的情感认同的，在原有的知识结构上建构新的知识与技能。问题情境的创设应该遵循以下特性：

1. 问题设置的系统性

问题的设置应该以课程内容为依托，围绕教学目标展开，因此，问题设置要与教学大纲保持一致，从而保证教学内容的系统性、一致性与连续性。所以在设置的问题情境中不但要包含所要探索解决的新问题，也要联系旧知识，进而达到新旧知识的整合。

2. 问题设置的真实性

问题应该根植于学生的经验，而这些经验来源于我们的日常生活，问题情境的创建越贴近现实越能够引起学生的共鸣，激发学生的兴趣，顺利实现教学活动的开展。因此，问题导向教学的问题设置要充分与社会生活、时代发展紧密结合，让学习者体会到问题的魅力。

3. 问题设置的劣构性

如果直接提供给学生结构良好的问题，那么他们会觉得没有必要再去探究符合逻辑的东西。但是如果提供给他们零散的、不完善的学习材料，使学生必须进行研究才能获取可能解决问题的所需信息，就可以培养学生的思维能力，促进知识的理解迁移。比如，在图像信息加工与处理章节，教师提出校园准备举行歌手大赛，需要每个班级设计宣传海报，学生打算怎么设计。教师可以使学生更好地理解问题，提供问题策略框架，如提出问题海报是什么类型的，制作一幅海报需要用到什么工具，使用这些工具怎么设计出海报，等等。

教师根据教学内容制订教学课程目标，利用微信公众平台向学生推送学习活动通知，以视频、图片、音频等形式向学生提出系统的、真实的、劣构的问题情境。

（二）小组分组

创建学习小组，分组根据“同组异质、异组同质”的原则，有利于学生之间积极融洽相处、相互帮助，发挥团队的合作效应。由于本教学模式主要针对本科生设计，学生都具备一定的知识背景与能力，所以教师可以根据后期教学实践活动的具体情况将学生以自由组合的形式进行分组。确定好了小组之后，小组选择一名组长，在组长的带领下建立本小组的微信小组群，由于问题导向学习中的问题设置都是复杂的，所以需要在组长的带领下进行组内讨论交流合作，制订本小组的学习计划，对呈现的问题进行解析。小组合作学习是PBL教学的核心要素，贯穿于整个教学活动的始终，而班级微信群、小组微信群、微信平台打破了传统教学交流的局限性，为合作学习提供了新的平台环境。

在学生形成系统的知识认识的过程中，教师担任宏观调控的角色，以引导者的身份为学生提供问题解决策略。微信环境给教师提供了便利，在微信平台上，教师可根据问题情境为学生提供一个完整的问题分析流程图，即根据问题情境的呈现反映了什么问题，可以从哪几个方面入手进行问题探索，哪些知识是学生已经掌握的，哪些是需要学生掌握的新知识，运用何种途径进行新知识的学习。问题提示为小组合作学习提供了基础，在此基础上成员之间展开头脑风暴，交流各自的想法，积极在平台或者网上搜寻所需资源并进行共享，形成对问题的进一步认识。

（三）自主学习

学生在对问题有了进一步感知之后，再加上教师提供的问题分析流程图，基本上已经形成了本小组的问题解决思维导图，之后学生根据小组的任务活动分配计划安排自己的学习活动。在此之前对学习任务要有完整的认识，确定哪些会阻碍自己探究问题，运用何种方法可以解决这些阻碍。根据学习任务，进行相关资料的检索与整理，如可以参考微信平台上资源区提供的精品课程、现代教育技术论坛等，进一步形成系统的知识结构，在收获知识的同时，也要不断地对探索问题进行反思与总结，然后调整自己的学习活动安排。学生在自主学习的过程中一定会出现疑问，教师在这个时候就要随时随地地为学生提供帮助。微信环境很好地消除了这个弊端，为学生营造了良好的学习环境与氛围。

在微信环境下可以进行一对一、一对多以及多对多的交流形式。在一对一的学习环境下，学生可以就自己遇到的问题私信发给同学或者老师，减少面对面交流的不适，可以通过图文信息、语音信息、文本信息或者视频等多种形式与同学或者老师进行交流，使生生之间、师生之间的交流更加真实。在一对多的学习环境下，学生可以在微信群或者微信朋友圈利用评论功能来寻求帮助，可以在微信中直接编辑图文信息，也可以利用一些软件，如墨香笔记、Pendo、有道云笔记等随手记软件随时记录问题与感想，分享到微信朋友圈中，供自己的好友查看并评论，以供自己疏通思路。多对多的学习环境主要是指小组微信群和班级微信群。在多对多的学习环境下，针对某一个问题，大家各抒己见，从别人的回答中获得启发。由于微信群人数基数比较大，教师在大家讨论过程中要做好引导作用，避免大家讨论与学习无关的问题。

（四）合作探究

合作探究是整个活动的主要环节，学生在初步感知以及自主学习的基础上开始小组讨论，组长与组员约定在某个时间进行交流汇报，组员可以就自己学习探索过程进行整合和梳理，如遇到了哪些问题，又是采取了什么样的方法解决的，收获了哪些新的方法和技能，得到了什么启发。组员可以把整个过程中检索到的相关资源以及心得体会借用第三方软件全部归纳总结出来，通过小组微信群分享给大家。在交流讨论过程中，每位同学都要积极参与其中，畅所欲言，与此同时还要倾听来自同学和老师的反馈建议，反思完善自己的不足，推进自我知识建构向更深层次发展。在所有组员都完成汇报之后，组长要带领大家对所有的资料进行整理、分析与加工，在交流与思维碰撞之中形成初步的问题解决方案。初次得到的学习结果可能还不够清晰准确，可以利用小组微信群进行同步或者异步交流，就不完善的问题再次进行交流活动。此环节是不断重复循环的，就问题是否解决作为标杆，如果问题未解决，就需要对问题细化再一次进行归纳总结，不断地优化问题解决方案，直至问题解决结束。

教师在合作探究阶段，对学生的帮助尽量点到为止，作为促进者要越来越少地传递知识，越来越多地激励学生思考，留更多的时间与空间给他们，以培养、提升他们的能力。教师可以在学生建构知识的过程中提供一些学习方法策略，如可以让学生借助思维导图的方式进行问题的梳理，使学生明白如何在信息爆炸的时代快速准确地检索到自己想要的资料等。掌握这些学习方法策略可以帮助学生更高效地学习知识，避免浪费时间，为培养更强的解决问题能力打下坚实的基础。另外，教师可利用微信平台的自动回复功能及时地解决学生的困惑，并根据问题解决的进度推送相关的学习资源，这一阶段同样也可以借助微信群、微信平台、朋友圈进行交流，以便顺利解决问题。

（五）多元评价

微信环境下问题导向教学活动的教学评价是多元化的，整个过程强调学生的主观能动性，所以多元评价方式包括形成性评价和总结性评价两个方面。

形成性评价以微信环境下学生的学习行为和过程作为考评，由于问题导向学习是基于问题情境的小组合作学习探究活动，不能仅凭最终的学习成果作为唯一的考量标准，还要考虑整个过程性和探究性，结合学生问题探究过程中的参与性、学习态度、自主学习能力、问题分析能力等多种因素进行综合考量，作为形成性评价的标准。微信平台的后台统计模块包括了用户分析、图文分析、菜单分析以及消息分析等，为教师提供了面向对象的数据分析平台。教师可以在微信平台的后台查看学生图文的阅读人数，转发分享人数以及自定义菜单中菜单点击的次数和人数和消息发送的人数、次数、人均发送次数以及消息模块中学生交互的情况等，还可以根据平台的自动回复功能查看学生的学习参与度。这些数据反映了学生学习的过程，都可作为过程性评价的参考因素。

总结性评价通过学生展示学习成果作为考评，通过生生互评、师生互评以及学生自评多种评价方式为一体，制定评价量表对学生的学习成果做出考量。学生可以把学习成果以图文或者链接的方式发送至微信群或者朋友圈中，通过大家的点评或者点赞得以反馈，从而进行反思，获得启发。

四、基于微信的混合学习模式设计

（一）前端分析

在具体课程中开展混合学习实践之前，教师首先需要对该课程的教学对象和教学内容进行分析，主要包括学习者特征分析、学习对象分析、学习环境分析，从而判断该门课程是否具备基于微信公众平台的混合学习模式的实践条件。

1.学习者特征分析

学习者是教学活动的主体，对学习者进行特征分析是保证教学有效开展的基础。该部分主要对学习者的原有知识结构、认知结构、学习风格进行分析，主要是了解学习者的学习基础，以及学习者对采用混合学习模式进行学习的态度。

2.学习对象分析

学习对象分析是对开展混合学习课程的学习目标和学习内容进行深入分析，根据实际教学需求和教学内容来确定学生应该达到什么样的学习水平的过程。

（1）学习目标。学习目标可分为课程目标、单元目标和课时目标三个层次。

（2）学习内容。学习内容是学习者为了实现某种学习目标所进行系统学习的知识、技能和行为经验的总和。对学习内容进行分析是对该门课程是否适合采用混合学习模式进行实践教学的前提，也是后面进行混合学习活动设计的重要依据。学习内容分析决定了学习内容的呈现形式，也决定了进行混合学习资源的开发的方法。通过梳理学习内容，教师把重难点进行归纳整理，将重难点内容以合适的资源形式通过微信公众平台在课前推送给学生进行自主学习，再利用课堂时间集中讲解学生最难掌握的学习内容。

学习内容有难易程度之分，也有先后顺序之分，只有合理地把握学习内容的整体知识结构，才能够进行合理的、科学的学习活动设计。根据从简单到复杂的递进层次，学习内容可以分为知识类、技能类、问题解决类；从学生认知的难易程度，学习内容可以分为事实性知识、概念性知识、原理性知识、技能性知识、问题性知识。不同类型的学习内容对应的掌握程度不一样，学习内容与学习目标有着对应的相互关系。在进行教学资源设计时，教师要根据学习内容的类型选择合理的资源呈现形式，降低学生的认知困难程度，从而帮助学生更有效地学习。

3. 学习环境分析

在教学过程中，学习环境分析主要包括硬件环境分析和软件环境分析。硬件环境包括网络的配置和移动终端设备配备情况，教师需要有一部智能手机和一台笔记本电脑或台式电脑，用以学习资源的制作与上传，对学生遇到的问题进行答疑。学生需要拥有一部智能手机，用以接收微信公众平台推送的学习资源以便进行自主学习。软件环境指移动设备端要安装微信客户端。

（二）活动设计

混合学习活动的开展主要分为课前预习、课堂教学、课后复习三个阶段。每个阶段，教师和学生的活动都会随着教学内容的不同而有所变化。

1. 课前预习

在课前预习阶段，教师将事先设计好的学习资源（包括教学课件、学习目标、学习重难点、预习任务等）通过微信公众平台以图文消息的方式推送给学生，供学生课前进行自主学习。教师可根据教学内容适当布置课前预习任务，激发学生的学习兴趣和主动性。

学生在微信公众平台上进行自主学习的过程中，可以通过后台留言的方式与教师进行沟通交流。在完成预习任务的过程中，学生可能会遇到一些自己不能解决的问题，这时可以通过微信公众平台将问题反馈给教师，以便教师在下一阶段课堂学习的时候能够集中针对这些问题进行重点讲解。

整个课前预习阶段，教师都担任着监督和辅导的角色，引导和帮助学生更有效地开展自主学习，如教师利用微信公众号后台的数据统计功能，掌控学生学习反馈情况，及时分析和总结问题，并给予适时的指导。微信公众平台在这个阶段起到了促进师生之间交流互动的桥梁作用，同时以丰富的形式将资源呈现给学生。学生在这个过程中进行自主探究活动，提前预习教学内容，主要包括一些理论知识和操作技能知识，结合预习任务进行实践活动，这样能够有效节约课堂时间，并且提升学生的练习水平。

2. 课堂教学

在传统课堂中，教学的开展一般是教师以面对面的形式进行知识讲授，大部分课堂时间都是以教师讲授活动为主，学生很少有发言的机会，这种教学模式存在师生交流互动少、学生学习积极性不高等问题。尤其是实践类课程，教学中需要大量的师生互动，可是课时有限、教学模式固化，使得学生在学习过程中遇到问题不能得到及时的指导和帮助，从而导致学习效果不理想。将混合学习引入这类课程，以微信公众平台为媒介，可以有效解决以上问题。课堂教学主要包括知识点梳理、问题解决、教学互动、实践指导四个部分。

（1）知识点梳理。教师将课前预习推送内容中的重难点知识进行梳理，根据学生对每个知识点的掌握情况进行适当补充和细化讲解，从而促进学生对重难点的把握。知识点梳理的过程，是教师再次系统化地将教学内容传达给学生的过程，也是学生将新旧知识联系起来，进行意义建构的过程。

（2）问题解决。在课堂教学的过程中，教师根据学生在课前预习的过程中遇到的问题进行有针对性的讲解，如学生在完成课前预习任务过程中遇到的抽象性的原理理解问题、在实践操作中的技能性问题等。教师可以通过微信公众平台上学生的反馈来筛选有代表性的、难度比较大的问题，利用课堂教学实践时间集中进行解决。学生通过课堂上老师的答疑，结合自身实际情况，对本身存在的问题进行归纳和总结，从而更好地参与课后实践。

（3）教学互动。营造融洽的课堂氛围，也是维持学生对该课程学习兴趣的重要因素之一。课堂上的教学互动包括师生互动、生生互动、人机互动，其中理论课以师生互动和生生互动为主，实践课以师生互动和人机互动为主。

①师生互动。这里的师生互动分两个场合，一是理论课堂中的面对面交流

互动，二是实践课堂中通过微信公众平台进行的交流互动。理论课堂上的面对面互动，可以让师生之间针对具体问题展开讨论，促进学生对理论内容的深刻理解，从而更好地将理论应用到实践中去。实践课堂中的互动，体现为学生在进行实践的过程中，遇到操作上的问题，在老师不能陪同在身边进行答疑的时候，利用微信公众平台完成互动。教师利用手机端微信公众号安全助手查看学生的留言，根据学生提出的问题及时给予指导。通过多种方式的互动，教师可以帮助学生及时解决问题，帮助学生清除畏难情绪，以积极的态度面对问题。同时，这种互动方式能够有效促进学生与教师之间的交流。

②生生互动。实践类课程一般会以作品的形式考查学生对相关知识和技能的掌握程度，但由于教师精力有限和课时限制等原因，一般是以小组形式对学生的学习表现进行考核。因此，学生之间的互动就显得很重要，相互之间的配合、协调等都体现着交流在整个过程的重要性。学生之间的互动可以通过小组讨论的形式在课堂上进行，也可以通过微信群聊进行，主要是围绕教师布置的任务展开讨论。这样的交流方式能够促进学生在思维上的碰撞和对课堂教学内容的整理与归纳。

③人机互动。人机互动主要体现在学生在实践的过程中遇到问题而无法面对面向教师寻求帮助的情况下，利用微信公众平台的关键字回复功能，快速获取对应知识点的视频、语音、文字、图片等学习资源，从而及时获得指导。同时，学生在遗忘某些基本操作时也可利用微信公众平台的关键字回复功能获得对应的资源，这样既节省了查询时间，提高了学习效率，也避免了学生遇到问题时无人帮助的学习难题。

（4）实践指导。教师在讲授技能类知识的时候，首先要向学生示范正确的操作，然后在实践的过程中不断地指导学生，从而帮助学生通过练习正确的操作步骤掌握对应的技能。学生在教师的示范指导下进行大量的实践练习，并结合微信公众平台上推送的大量资源进行自主练习，从而不断提高自身的学习水平。

3. 课后复习

在课后复习环节，教师可以通过微信公众平台布置课后练习任务，也可以针对理论与实践课堂上学生遇到的难点问题进行资源推送，从而帮助学生更好地开展课后实践。教师可以通过公众平台的投票功能来评价学生的作品，如整理每个小组发送到后台的作品，以投票的形式让学生参与评价，这样更能体现客观公正的评价原则，也能激发学生参与的积极性。学生可以通过公众平台接收和完成课后练习任务、进行作品投票、接受答疑归纳总结、与老师或小组成员进行互动等操作，这样避免了传统课堂教学中课前课后断开的问题，也更能促进师生之间的交流互动。

第七章　高校教学模式与方法的前景展望

第一节　高校教学模式创新的展望

一、高校教学模式的创新方向

教学模式的方案设计主要考核高校学生掌握知识的宽度和深度，出发点是希望学生掌握更多的理论知识，能够深入学习并运用到社会实践中。高校教育改革不仅能够使学生追求知识的实用性和前沿性，还能够激发学生对知识的求知欲和探索欲，鼓励学生充分发挥想象力，引导学生追求更高的人生价值目标。所以，高校教育模式创新改革的目标不仅是通过教育多方位培养学生的多元素质，更应该积极引导高校学生有更高的价值取向，应当注重培养学生对更高目标的追求。

根据教学目标选取多种教学策略能更好地实现课程的核心目标。随着科技的不断发展，社会越来越注重人才的创新性和多元思维，教育模式也不断创新改革以适应人才培养的需求。因此，高校教学模式的改革要以高校学生为中心，具体教学内容和教学方式的确定要以高校学生作为主体展开。高校通过创造更加宽松和舒适的教学环境，培养学生的多元化素养，鼓励其个性化发展，给其提供创新发展的空间和时间。

教学目标的调整及其实现，必然伴随着高校教学模式的变革、创新。随着高等学校教学目标的更新，高校教学模式的创新主要应体现在以下几个方向。

（一）突出教学模式的探索性和创造性

长期以来，我国高校教学过于注重现成知识与技能的传授，教师在教学活动过程中主要是讲解、演示或逻辑证明，学生是静观、聆听、记诵，一定程度上缺乏培养学生探索精神和创新能力的策略和方法，导致学生创新意识匮乏，探索创新能力不足。要培养现代人才迫切需要的创新素质，就必须改变传统教学模式，突出教学过程的探索性和创新性，采用有利于培养学生创新意识、能力的策略方法，如发现教学法、问题式教学法、研究教学法等，将教学过程的重点从教师对已有知识的讲授、演示或证明转移到学生对科学知识发现、发展过程的模拟。教师的主要任务不再是讲解、证明，而是提出问题，向学生提供分析和解决问题所需要的各种材料、设备及其他服务，帮助学生自主探索、解决问题。同时，教师还应充当激励者、引导者、组织者的角色，在学生自我探索动力不足、方向不明、思路不清时给予帮助。

（二）促进高校教育模式全局化

首先是课程体系设计方面。当今世界信息极其丰富，传统的层级结构课程设计体系无法融合各种繁杂的知识，而灵活的网状结构则能够以更具拓展性和生成性的方式来融合各类知识。因此，一个专业应将相关课程进行分类汇总后形成数个子网络，再由子网络组成专业大网络。学生根据自己的兴趣选择相应的网络课程进行学习，教师不再单独讲授某门课程，而是组成小团队讲授某个子网络中的课程内容。

其次是课堂教学应用方面。课堂教学本质上应以学生为主体，要大胆突破传统的教学模式，提高课堂教学效率和教学质量。第一，大力开展小组探究式教学。在教学过程中，教师应通过一系列开放性的问题来引导学生进行思考和探究，以开放性问题为学生提供探究的对象和讨论的主题。教师应引导学生形成学习小组，鼓励学生采用“头脑风暴”“无领导小组讨论”等方式对问题进行深入的讨论与研究。教师应指导学生分析问题背后的深层次原因，通过探究某个问题和案例，发现知识的内涵和特性。第二，深入开展贯通式教学。教师应引导学生充分利用已经掌握的思维工具，将新旧知识融会贯通，从而理解知识的内在联系，然后再以其为工具思考新的问题，在各种场合运用其解决同类问题。第三，全面开展知识地图式教学。教师要把专业课程的知识点编织成知识地图，形成本专业的知识体系，并在地图上标明每个知识点的先后顺序以及各知识点之间的关联等。这能帮助学生迅速形成全局性的专业知识体系，真正系统地掌握专业知识。

最后是考核方式方面。为了全面评估学生的学习水平，有效促进学生综合能力的提升，教师应引入“过程＋成果”的双向考核评估方式。第一，过程考核。一方面通过课堂反馈的学生参与项目情况、帮助其他同学情况、小组学习情况等，评估学生的团队合作能力；另一方面通过学生讨论发言情况、对问题的探究深度、对知识的全局式理解程度、对知识地图的掌握程度等，评估学生的研究能力。教师通过学生的大量学习情况汇聚而成的大数据来对学生进行考核，可以更加客观地评估学生的全局性学术能力。第二，成果考核。一方面是个人成果。在平时的学习中，每个学生应独立完成一部具有创造力的作品集，作品集由学术论文、学习作业、项目成果等汇集而成。另一方面是小组成果。以解决实际问题为出发点，以小组合作为形式，以所学知识为手段，各小组成员合理分工、各司其职，最终完成一个综合性项目。通过完成一个个完整的项目，学生能够主动学习项目所需的各种知识，最终以项目的成果形式加以呈现，这可以更加全面地评估学生的全局性和创造力。

（三）强调教学模式的多样性和综合性

教学模式作为组织教学活动的方法策略体系，相对教学目标和学科特点而言，其功用总是辩证的、具体的。某一教学模式对某一教学目标的实现是有效的，但对另外一些教学目标的达成就未必是有效的。而任何一门学科的教学目标都不是单一的，教学目标的多样性必然要求针对不同教学目标的特点采用不同的教学模式。教学模式的单一、僵化不利于多样化教学目标的达成。同时，不同学科也具有不同的特点，有些教学模式可能适合于自然科学知识的教学，而对社会科学知识和人文科学知识的教学则不一定适合。例如，发现教学模式适合于自然科学知识的教学，但不适合于人文科学知识的教学，社会科学知识采用案例教学模式、实践教学模式可能效果更佳。教学目标的多样性和学科特点的多样性，要求高校教师在选择教学模式时必须坚持多样性和综合性的观点。只有这样，才能充分发挥各门学科知识对人的素质发展的作用，才能全面实现教学目标。

（四）强化高校教学的实践性

科技高速发展加速了知识转化为产品的过程，我国高校过去只重视知识学习的方式方法已落后于现实的要求，强化高校教学实践性的目的，就是要培养学生将知识转化为产品并运用知识解决实际问题的能力。因此，我们必须改变传统的教师讲学生记的满堂灌和注入式的教学方法，增加使学生更多地接触实践和参与实践活动的教学方式方法，如社会调查、现场观摩、实验、实习、社会服务、实务模拟、案例分析等。这样的方式方法不仅能够使学生了解更多的现实问题，掌握书本上所没有的内容，对培养学生运用现有知识分析和解决问题的能力也是大有裨益的。

高校在课程设置上把握基础为主、专业导向的原则，注重对学生的个性化培养，从高校的公共基础条件、专业基础条件和专业平台入手。公共基础条件指的是外语、数学这些基础课程；专业基础条件就是保证开设专业方面的基础概念类的课程；专业平台则是和学生的实践联系比较密切，学生进入企业实习，获得专业的实践训练。这三个方面是相互联系的。在课程设置上，以理论教学作为基础建设，以实践环节巩固理论基础，重视对学生技能和素养的培养，引进创新教学内容，变革陈旧落后的课程；在选修课方面，减少那些已经过时的课程，增加一些比较贴合实际市场需求的、前沿的课程，增强学生的专业能力，提高市场竞争力。

（五）重视校际合作交流

智能化下高校的发展应重视校际合作交流，实现学校间的资源互通、共享，走合作、共赢之路。管理层面的校际交流，不但能够促进管理层不断提高其业务素质和履职能力，而且能促使高校尽快摒弃经验管理，逐步迈向人文管理；师资层面的校际交流，能够不断促进教师的专业成长；教学研讨层面的校际交流，能较快地提升教师的教学能力，博采众长，有利于打造高效课堂；学生层面的校际交流，既能拓宽学生眼界，也能促进学生综合素质的提高。智能化时代下校际合作交流是推进高校成长的理想途径。因此，高校应加强校际合作的制度建设，依托高校资源，促进学校发展；利用名校效应，获取办学经验；加强与兄弟院校的交流与互访。通过校际合作，促进高校之间共同发展，共享优质教育资源，发挥双方各自教育资源优势，在教育教学管理、干部交流、教师培养、学科建设和学生交流等方面开展合作交流。重点可在人工智能、大数据、物联网等优势学科领域通过课题合作、实验室共建共享等多种形式进行全面、深入的合作，这将进一步拓展和深化校际合作，推进双方取长补短、相互扶持、提高质量、共同发展，并对高校提升办学实力等方面起到重要的推动作用。

（六）内外结合，加强一流课程资源建设

课程是人才培养的核心要素，课程质量直接决定人才培养质量。教育部强调“必须把教学改革成果落实到课程建设上”。这要求立足具体高校，围绕一流课程建设，持续加强课程资源建设，聚焦学校的专业设置和教师队伍专业背景，鼓励教师队伍持续制作专业性、针对性较强的在线教学资源，并引进同专业或相近专业的名校教学资源，不断扩充本校特色专业类教学资源库。而公共课程和专业类的基础性课程，主要以学习各大教学平台上的现有教学资源为主。另外，利用微信、微博等互动平台强化教师个体间的业务联系，以此为教学改革提供更多便利。随着线上交流平台的建立与使用，各高校也可在该类平台中设置高校教学资源库，全面实现不同地域和院校内的教学资源共享，通过教学资源开放可使相关线上资源利用率提升，并对资源应用与配置进一步优化。所谓的开放教学资源是将众多有效信息进行收纳与整理，如此更有利于高校师生自行选择和应用，该项转变一方面可使教师将传统教学模式彻底摒弃，另一方面也可使大学生的知识探索欲望有效提升。但在具体实施环节，平台管理者须对教学资源筛选及相应数据保护加以重视，以确保线上平台内皆是优质资源。

（七）开发智能课程体系

人工智能环境下，各个领域的岗位工作内容虽有很大差异，但均在AI技术支撑下产生巨大变化，根据全新的工作要求及内容，各个岗位所需知识与技能也随之发生改变。在此背景下，高校应及时针对专业课程进行改革，突出课程与教学的顶层设计，重视信息时代人才培养的内容体系和策略趋势。首先，由于智能机器人等AI产品会替代人力完成一定的基础性工作，因而这类工作对应的课程应适当删减，以此提升教育成效，防止浪费课时的现象发生。其次，由于当下对决策等层面的能力极为关注，因而院校应增设提升决策能力等有关课程的教学课时，并针对教育内容展开延伸。为顺应智能化时代对专业人才的要求，高校还应开发职业能力研究与工作系统分析相结合的课程。智能化时代背景下的工作系统要求技术人才具有深层的职业能力，高校须在做好研究工作模式的前提下考量技术人才的职业能力，并综合考量有关的心理学知识，深度挖掘技术人才所需要的职业能力。最后，关于人工智能的相关课程要成为学生的必修课，使学生掌握最基本的与人工智能相关的知识。

二、教学模式创新发展应遵循的原则

（一）教学模式创新并非对传统课堂教学模式的抛弃

教师在运用信息技术进行教学模式创新时应正确把握创新教学模式与传统教学模式的关系。所谓创新，并不是对传统教学模式的抛弃，而是信息技术、新教育观念与传统教学模式的整合。联合国教科文组织在其研究报告《教育——财富蕴藏其中》中特别指出，尤其应把技术与传统的教育形式结合起来加以使用，而不应将其看作一种取代传统形式的独立的手段。

（二）教学模式创新应追求效果而非形式

进行教学模式创新的目的是追求好的教学效果而非进行形式上的创新。教师在教学过程中应正确客观地评估信息技术的应用效果，认识到信息技术的双刃剑性质，警惕教学过程中应用信息技术可能带来的负面影响，如在教学实践中发现的网络教学的一些负面效果，学生在网上浪费大量学习时间，网上交流效果较差等。

（三）教学模式创新要根据实际情况量身定做，不“一刀切”

以效果为导向的教学模式创新必须基于学校的实际情况，既要考虑硬件条件，也要考虑软件条件，只有这样才能实现教学要素的和谐统一，才能兼顾教师和学生的需求，不至于顾此失彼。另外，学校还要考虑学科自身的实际情况，例如，有些课程可能不适合用多媒体课件进行讲解，此时板书可能是一种更好的选择。目前，一些学校在教学模式创新中“一刀切”，盲目地使用计算机和网络教学，不顾教学实际需求，这种做法是不科学的。

三、高校教学模式创新的保障措施

在高速发展的互联网时代，为满足社会各界对高等教育人才素质与能力的要求，高校必须改变传统的教学模式，提高课程课堂教学质量。为保证课堂教学创新应用，相关的保障措施主要有以下几项。

（一）转变教学理念

教学理念是提高高校教学质量的基础，高校必须与时俱进，掌握前沿科技，正确把握提高教学质量的发展方向。这就要求高校教学管理者必须坚持适合本校的教育教学理念，及时掌握互联网信息时代课堂教学的新动态、新方法和新平台，运用多媒体网络技术，改革传统授课受时间、空间限制的教学模式。例如，通过微课、翻转课堂、远程教学、移动教学等教学方式，可以随时随地与学生进行实时教学互动，大大激发学生自主学习的积极性，以此建立符合时代发展需求的教学质量保障体系。

（二）完善教学设施设备

在互联网时代背景下，随着微课、翻转课堂、远程教学、移动教学等教学模式的出现，相配套的教学设施设备也必须齐头并进，如互联网机房、电子阅览室以及能支撑微信、QQ、云课堂等手机终端的无线网络和移动终端设备。在对硬件进行更新的时候，高校要重视对专业技术人才的引进，也要加强对现有的教学管理人员进行专业知识的培训工作。在此基础上，教学管理部门就能通过平台最直接、有效地了解教师、学生的具体情况，及时把握学生的动态，采用有针对性的解决措施，最终提升教学管理工作效率。

当前，专业的线上教学工具、网课平台等为在线教学模式的应用奠定了良好的基础。但随着在线教学模式的发展，在线教学平台还需要进一步改进和优化。首先，在线教学平台应结合具体教学实践，针对课程特点提供定制化的线上教学服务，以满足不同类型课堂的上课需求。其次，在线教学平台应该集中优质资源，提高覆盖领域、强化平台稳定性，带给学生和教师更便捷、友好的在线教学体验。再次，在在线教学资源的积累过程中，教师应注重对内容的审核，避免教学内容同质化和教学方式单一化，鼓励创新性、实验性的教学探索，拓宽线上教学边界，深挖线上教学内涵。最后，在提升线上教学平台服务水平的同时，教育部门要充分考虑不同地区基础设施水平、教育教学理念方面的差异，组织研究针对性强、适用面广的线上教学模式，在大力提升不同地区基础设施水平的基础上打通优质教学资源流通的渠道，促进优质教学资源覆盖不同地区、不同需求的学生，保证不同地区之间共享优质教学资源。

对于教师来说，首先，应精心设计教学方案。教师应制订导学方案，明确学习目标，让学生通过该教学环节对知识架构树立正确的认知，并了解重难点知识，进而有针对性地各个击破。其次，要创新运用微课等新教学模式，培养学生自主学习能力，进而有针对性地培养学生分析和解决问题的能力。再次，要精心设计各种优质的网络教学课程。具体来说，教师应基于本专业现有课程资源，将基础课程、核心课程通过网络视频的方式作为开放资源提供给学生；

为广大师生相互交流探讨创造更多有利的渠道和途径；有针对性地调整和修订传统课程内容，实时推出优势明显、特色性强的网络公开课程；为学生提供优质的课程服务、高质量的学习服务，让学生能够基于自己的知识结构、学习需求来自主选择课程进行学习，并定期与教师、同学分享自己的心得体会。最后，要实现对课堂教学的拓展延伸。教师应注重收集、制作更多完善的学习参考资料，为学生全面、深入地学习夯实基础。

另外，高校应深化与国内外优质慕课平台的合作模式。慕课、翻转课堂、微课教学模式都是“互联网+”时代的产物，尤其是慕课教学模式，是线上教学模式的代表，具有教学规模大、突破传统时空限制、开放性和共享性强等优势，在高等教育中的运用成效显著，为高等教育创造了广阔的发展空间。因此，高校应注重发挥慕课等线上教育平台的作用，深化与国内外优秀慕课平台的合作模式，将国内外先进、优质高效的课程资源渗透到本校教育中去，并积极推动本校优质教育资源走向世界，进而不断增强本校综合发展实力与核心竞争力，促进高等教育又好又快地发展。

（三）提升教师技能水平

教师是课程网站的建设者和管理者，但部分教师缺乏自觉更新意识，上传资源滞后于互联网教学的步伐，遇到问题无法提出可行性意见，更无法做出专业性、理论化的指导。因此，高校应加强对教师的技能培训，积极推进信息化团队建设，培训信息化团队人员。一线教师更要掌握互联网环境下的新型教学手段和方法，才能完善和更新网络教学资源，以此改进和调整课堂教学设计模式，进一步提升自身的技能水平。

线上教学具有教学过程网络化、授课形式多样化的特点，有利于创新授课形式、丰富教学内容、提高教学质量和提升学生兴趣。在线上教学模式的应用过程中，教师应主动适应线上教学的过程，避免简单复制线下教学形式和内容，灵活使用在线教学工具，扩展多种教学方式，努力提升学生的学习效果。例如，在线教学模式的应用为更多多媒体教学工具的使用提供了基础，帮助教师在线下采用板书教学形式的基础上结合更多线上教学方法，灵活使用不同的知识传递方式开展教学工作，改进教学方法、提升教学效果。另外，线上教学还可以拓展教师和学生之间的沟通交流方式，通过线上答疑、专题讲解，对学生学习过程中的共性问题进行统一解答和集中处理，对进一步提高课堂教学效果和学生学习质量有重要的促进作用。

首先，高校应注重加快课程团队建设，明确教师分工，将具体职责细化到每位教师身上，让课程设置、微视频制作、网页设计和优化等方面都有专业的教师负责，进而不断提高教师线上教学效率与水平，为广大师生创造良好的线上教学体验。其次，高校应注重增强师资力量，提高专业教师准入门槛，着重引进一批专业功底扎实、业务水平突出、信息素养高的教师来优化现有教师队伍结构。高校应注重加强对在职教师的培训，定期组织开展信息技术运用的专业培训，如信息教学软硬件设备的运用、电子课件制作等，不断提高教师的信息技术运用能力与水平。高校要为广大教师提供更多进修、学习的机会与平台，引导教师学习先进的教学经验、教学技术，进而不断提高新时代高等教育的质量与水平。

（四）改变人才培养质量评价方式

新形势下的人才培养模式需要相对应的评价模式，高校人才培养质量的评价模式是做好大学人才培养工作的有力抓手。人才培养质量评价是检验教学效果和学生学习效果的重要方式，对人才质量进行相应的评价和监督才能进一步提高大学的教学质量。在评价时，要改变以往学生在评价中居于被领导地位的现状，要坚持学生的主体地位。评价的内容可以包含教学过程、教学制度和教学效果等综合性的评价内容，从多角度对教学效果进行分析。在对学生学业评价方面，要坚持多元化的评价模式，避免只是参考书本和试卷评价学习效果的现象，而要更加注重学生学习过程中的各项素质指标以及对综合知识的应用能力。在评价方式上，着重过程性的考核及评价，而不是在课程结束后进行单一的总结性评价；重视定量与定性并重的评价方式，对培养目标、学生素质及教学质量在定量评价的基础上进行定性评价。

第二节　高校教学方法的发展成果与特征

一、高校教学方法的发展成果

随着科学技术的飞速发展，高等学校的教学手段也日益先进，现代化的教学手段给高等学校教学带来了生机与活力。特别是数字音像技术、卫星广播电视技术、多媒体计算机技术和人工智能技术、交互网络通信技术和虚拟现实仿真技术等现代信息技术应用到教育领域中，使教学媒介具备了新的特点，表现为教学信息显示的多媒体化、教学信息处理的数字化、教学信息储存的光盘化、教学信息传输的网络化和教学过程智能化。现代信息技术应用到教学领域，使教学的观念、内容、手段和管理都发生了深刻的变化。各高校都在采取措施大力发展教育技术，发展新的教学手段，深化教学改革，加速教学手段现代化进程。

（一）建立了数字化校园

数字化校园是通过利用计算机技术、网络通信技术对高校教学、科研和生活服务等所有信息资源进行全面的数字化，并进行科学规范的整合和集成，构成统一的用户管理、资源管理和权限控制系统，在传统校园的基础上，利用先进的信息化手段和工具，将现实校园的各项资源信息化，形成一个数字的虚拟空间。目前国内数字化校园在教学方面应用的主要有基于多媒体计算机的交互式多媒体教室、基于教学的演示型多媒体教室、基于学科特点的专用学科教学科研媒介和基于开放性实验室的教学媒介等。在某些重视现代教育技术的大学校园内，任何地方都可以有线或无线上网，计算机网络系统已成为学校教育、科研、管理、服务、学习、生活的不可或缺的组成部分。

（二）构建了先进的教育网络资源系统

各校将教育信息资源通过计算机校园网络系统和地区性、全国性的教育信息资源联网，建立有特色的电子图书馆，使获取教学资源的手段更加丰富。这种先进的教育网络资源系统使多媒体教学成了教学手段的主要发展方向。

1. 演示型多媒体组合课堂教学

这主要是在多媒体教室中，利用视频平台、投影电视、多媒体计算机、录像机的有机组合将现代媒体与传统的教学媒体组合在一起进行课堂教学。

2. 多媒体计算机和网络教学

这主要是利用多媒体计算机网络教室，教师利用服务器中的多媒体资源（或调用其他网络的多媒体资源）向学生进行集中演示教学。

3. 交互型多媒体计算机个别化教学

这主要是利用多媒体网络，学生自己调用多媒体资源，通过人机交互作用进行学习。多媒体教学信息量大、直观，能引发学生的学习兴趣，发挥了学生的主体作用，既提高了教学效率，也减轻了学生负担。尤其是电子教学课件、视频等的引入，把教学中的难点、重点通过深入浅出的图像与动画等形式展现在学生面前，可以使学生对知识要点掌握得比较深刻，从而能够提高教学质量。

（三）形成了基于移动互联网的教学方法

基于移动互联网的教学方法是以移动互联网为基础，以提高教学效率为目的的创新型教学方法。

1.基于社交网络服务的教学方法

即时通信是一种点对点的及时性通信方式，QQ、微信等便是即时通信技术产品。但在信息量呈爆炸式增长的今天，及时性反而容易给用户以疲惫感，人们难以应对及时性的大数据。于是社会网络服务模拟用户的行为以及用户之间的交互关系，形成一个虚拟社交网络系统，社交网络更适合作为服务教学的工具。

教学者依托社交网络服务，建立以教学者和学习者为成员的群体。教学者随时发布与教学相关的文字、图片、视频等互联网学习材料，学习者可以利用移动设备随时随地查看、下载相关信息，并可以将产生的问题随时反馈给教学者。教学者整理相关问题后以主题的形式发布至网络，所有的学习者都可以进入感兴趣的主题并参与讨论。这种教学方法突破了传统课堂受时间约束的局限性，拓展了教学的时间和空间，实现了学习与生活、工作的无缝连接。这种立体式的空间教学方法大大提高了教学者与学习者之间的互动性，提高了教学效率。与移动互联网的密切结合也让学习者更有兴趣参与进来，调动了学习者的积极性。

2.基于移动云计算的教学方法

云计算是一种整合互联网资源并提供网络计算、信息存储功能的新型互联网服务模式，它包括云架构下的应用服务软件和硬件设施。人们通常说的云是指存储数据中心的软件、硬件设施。通常接入云服务的设备是互联网终端的台式计算机，用户一般以具体应用服务的形式获取云服务，他们甚至察觉不到云的存在。随着移动互联网的高速发展，接入云端的智能移动终端设备越来越多，智能设备的计算能力越来越强、存储空间越来越大，移动云服务的需求逐渐增长。移动云计算是结合了云计算技术和移动互联网的提供移动云服务的新型移动互联网服务模式，它是智能终端设备、通信技术和互联网技术发展的结合。

移动云计算的特点适合基于移动互联网的教学方法创新，主要表现在两个方面。其一，终端移动设备不受限制。对移动云计算而言，移动设备只需要与提供云服务的移动互联网终端相连接。无论何种设备，只要能够接入移动互联网并通过应用服务软件获取云服务，都是移动云计算的终端设备。基于移动互联网的教学方法同样不依赖于特定终端。其二，便利的数据共享与同步。移动云计算最大的优势就是能随时随地实现数据的共享与同步。信息化的教学数据存储在云端，移动终端通过应用程序处理数据并得到数据处理的结果。现在移动终端的计算和存储能力已经足够强大，如果接入移动互联网的速度足够快，任务处理的速度就能同本地处理速度保持同步，大大提高数据的同步性和共享性。

基于移动云计算技术的教学方法创新要把握移动终端、应用服务软件和云端三个方面的设计。第一，移动终端。学习者主要通过移动终端进行学习，还要通过移动终端进行数据的共享和同步，因此，移动终端需要有一定的计算和存储能力。在高校群体中，手机、平板电脑和笔记本电脑是最主要的移动终端设备，都能满足移动云计算终端设备的要求。第二，应用服务软件。移动终端通过应用服务软件接入云端，获取移动云服务。对教学方法而言，应用服务软件主要是保持终端与云端通信、提供教学服务的软件。简单的应用软件能提供最基本的共享、下载等功能，复杂的还能提供材料播放、演示等数据处理功能，但这都依赖于具体的教学软件。第三，云端。云端主要提供存储和计算服务，良好的云端能够使终端像在本地一样处理云端数据。高校可以独自搭建自己的云端，但是需要较高的技术水平和维护成本，因此，搭建云端的必要性不强。为了推广各自的云服务，云厂商还专门设计了与教学相关的软件，为高校搭建基于移动云计算的教学方法提供了更多选择。

（四）开发了适应新教学手段的教材体系

除纸质书本形态的文字教材外，适应新教学手段的教材体系还开发了非书籍形态的音像教材和计算机辅助教学软件，多媒体教学软件、课件，以电子出版物的形式出现的新型教材等。这些教材以多媒体（包括文字、图形、图像、动画、影像和声音）方式显示教学信息，提供新型的教学和学习手段，充分发挥了教师和学生双方的主体作用。

二、高校教学方法改革的原则

以科学技术和教学方法创新改革为基础的教学方式，需要转变以往将教师看作课堂教学的重点、以有限的课本为教学的主要内容、以讲课为重要的教学手段、以信息技术为教学媒介的教学方式，应该转变为以学生为课堂教学的重点和主体，以课本与信息化资源库为主要的教学内容，教学手段多样化，科学技术与教学方法深入结合的数字化教学方式。建立信息技术和教学方式有效结合的信息化教学模式需要遵循以下原则。

（一）以学为重，建立平等协调、共同进步的教学关系

以学为重就是让学生变为课堂教学的核心，课堂教学与学习内容的设置需要依据学生的具体情况设定。在教育方法改革中，师生在课堂教学中的功能、主体地位产生了本质上的改变。教学活动开展前，教师的准备工作不是编制教案、制作 PPT，而是整合和知识点有关的多种资料，涵盖视频、音频、图表等形式。课堂教学中教师不再是课堂的主要参与者，不再采取满堂灌的传统教学方法，而是设置教学情境、组织教学活动，由主要参与者变成课堂的指导者、组织者以及规则的监管者等。课堂教学结束后教师的主要工作也是由批改作业转变为借助多元化的信息手段和学生展开学习内容的深度交谈，协助与引导学生学习。学生由被动的学习变为课堂教学的主动参与者，由机械记忆教师传授的学习内容变为经过教师与学生、学生与学生之间互相讨论与探究形成自我的意识，进化为知识创作与加工的主体、学习内容框架的建立者。这样以教为主的课堂转化为以学为主，单一的知识讲授转化为教师与学生一同探索、一同总结的学习过程，学生也可以由学会升级为会学，既有效发挥了教师的引导作用，又体现了学生在学习过程中的主体地位，师生间建立了平等协调、共同进步的教学关系。

（二）课内外共同发展，提升学生的学习有效性

信息技术在高校教学方法改革中的运用突破了传统课堂教学的时间与空间的限制，提升了教学过程开展的维度与可能性，为完成教学方式由课上学习为主向课上与课下结合学习发展奠定了一定的前提条件。课堂教学中教师以核心教学内容为基点，以情境问题为推动力，以主题为导向，用较为充足的时间和学生展开交流与探讨，协助学生掌握与消化教学内容，构建自身的知识系统。

课上与课下共同开展教学活动的手段有很多，可以采用学生依据教师留下的教学问题进行研究的方式，或者依据自身的学习内容吸收状况从教育资源库中锁定学习内容进行复习和预习，也可以参与课外活动，或者去相关单位进行具体的实践，甚至可以通过建构虚拟课堂等方式开展学习活动。课下教学的方式拓宽了教学组织的时空，增加了学生获得教学内容的路径，提升了学生自主解决难题以及运用知识点的技能。课下学习活动的开展是自主的，学生能够较为自由地锁定要进行的内容、方式与开展的时间，学生开展的学习活动变得更为方便、自由、有效。但课下学习并不是完全自我的，教师应该借助信息技术构建与学生探讨课上和课下学习的途径，借助多元化的沟通平台和其保持有效的交流，引导、督促与核查学生的学习情况。

（三）结合信息化元素，重塑教育教学模式

信息技术应用于高校教学方法的改革中是以科学技术为主要支持力开展的教学方式的深化改革，它带动了学习内容、教学方式、教学手段、课堂程序的一系列变革，也重新构建了教师与学生、教学内容与教学媒介的关系。在科学技术和教学方法深化结合的教学方式中，信息元素不只是单一的教学媒介，而且是课堂教学的重要构成元素，是能够提升教学方式设置和实行成果、教学内容掌握程度的一个重要的作用因素。不管是教学内容的表现形式、教学方式的实行、知识核心的掌握、教师与学习主体的互动、学生的学习能力，还是多样性考查形式的实现都不能脱离信息元素。在教学过程中，教师需要将科技元素高效融入整个过程的各个流程中，转变教学方法，使学习过程贯穿于科技元素的应用中。教师借助科学技术优化教育资源状态、活动开展方式、教学评价机制，为学生设置具有针对性的学习活动，让学生变为教学过程的核心。学生也可以借助科学技术革新学习方法，提升多元化学习可能性。整个教学过程不是单一的知识讲授，而是教师、学生、教学内容与教学媒介之间全方位的信息交换、多方面的教学互动。

三、高校教学方法的发展特征

自 21 世纪以来，我国从基础教育到高等教育，都在进行教育改革。这次教育改革是一次全方位的教育改革，从培养目标的厘定，到课程体系的建构，再到教学理念、教学内容、教学方法都发生了巨大变化。为适应教育改革的需要，教学方法也发生了重大变化，从传统的重视讲授教学到倡导师生的合作学

习、研究性学习、探究性学习等，体现了教育改革的新要求。深入探讨教学方法的发展趋向，对我们理解和掌握教学方法理论的发展历程有着重大意义，对全面提高教学质量、落实课程改革精神具有重要作用。新的教育改革彰显新的教学理念，给当代教学行为带来全新的变化，这主要体现在教学方法的发展特征上。

（一）教学方法在价值取向上侧重个体化

所谓个体化是指现代教学方法更加趋向于个性适应，因材施教。任何教学方法的产生都有一定的背景，都有自己特定的适用领域，即教学方法本身都有个性化的东西，有优缺点，万能的方法是不存在的。有些教学方法对某些教师和学生来讲是有效的，但对其他人未必如此。因此，真正有效的教学方法应该是个体化的，教师更为主动、自觉地为每一个学生设计因材施教的方法，以适应其智力的特点，促进其优势才能的展示和发展。现代教学方法改革的个体化特点主要表现在两个方面：一是个体性活动已成为许多教学方法的重要组成部分和内容，注重学生的个性适应和学生的参与；二是现代教学技术手段的发展为教学方法的个性适应提供了新的条件和发展空间，并使教学方法的个性适应成为可能。

教育流程的设置需要坚持“以学为重”的原则，以信息元素为支撑，以学生的主动性为重点展开，实现教学方式的改革，推进其自主性学习，提升学生知识体系的建构技能与自我思考和判断能力。“以学为重”的教育过程设置，需要精确探究教育目的与主体特点，进而设置学习内容与推进的次序，进行有针对性的教学。另外，教师要借助信息平台公开导学方案，为学生设置学习目标以及提供相关资料，教师能够凭借平台的在线检测功能了解学生的学习效果，促进学生的自主学习。

（二）教学方法在技术手段上由传统向现代化转变

任何教学方法的改革必须借助一定的教学手段，教学手段的不断改进可以促进教学方法的改革。随着生产力和科学技术的飞速发展，越来越多的科学技术的研究成果被引入教学领域，逐步实现了教学方法的技术化、现代化。21世纪的课程改革是建立在新的科技革命前提下的，新的科技成果不断运用于教学领域，使得教学方法的手段日益现代化。大力推进信息技术在教学过程中的普遍应用，促进信息技术与学科课程的整合，逐步实现教学内容的呈现方式、学生的学习方式、教师的教学方式和师生互动方式的变革，充分发挥信息技术的优势，为学生的学习和发展提供丰富多彩的教育环境和有力的学习工具，这是教学方法在技术手段上的发展特征。

教学方式是丰富多样的，每项教学手段起到的作用与适用范围各不相同。要坚持以学为重、以方式促进学习的原则，就应该采取恰当的教育方式并且配以相应的具体实践，进而形成多方面知识传递和分享的互动式教育模式，实现形式多样化的信息掌握和学习系统建构，推进教学活动的横向和纵向的延展。

（三）教学方法在重心上由重教法转向重学法

在教育改革的浪潮中，教学方法始终是一个热点问题。因为教学方法的改革是教育改革最外显、最根本的落脚点。传统的教育主张以教师为中心，着重研究教师的教。当代教育改革强调人的主体性，一切为了学生的发展，强调学生的自我探索、独立研究、掌握学习方法。

（四）教学方法在心理因素上重视认知与情感的统一

现代教学方法的改革十分重视吸收心理科学的研究成果，并把心理科学的知识应用于教学方法的改革。这是因为在教育教学过程中，师生之间的教与学的效果如何，直接依赖于师生之间的心理相融程度，师生之间是和谐一致还是敌视对立，不仅关系到教学过程能否顺利进行，还关系到教与学的效率。这是因为人们的认知过程是和情感过程始终相伴的。在教育教学活动中，既没有纯粹的认知活动，也没有纯粹的情感活动，任何学习活动的结果都是情感和认知的共同作用。认知起操作作用，承担着知识的吸收、储存和转化的任务。而情感则起动力作用，承担着学习活动的定向、维持和调节任务。缺少认知，情感就无处可依，发挥不了情感的动力作用；缺少情感，认知活动就不能正常运转，发挥不出认知的操作作用。所以，当代教学方法的改革都十分重视认知与情感的统一。例如，国内的情境教学法、和谐教学法、愉快教学法，国外的非指导性教学法、角色扮演法、暗示教学法、合作学习都是注重这一特点的教学方法。

参考文献

[1] 朱锦龙. 智慧教学平台建设与智慧课堂教学模式研究[M]. 长春：吉林文史出版社，2021.

[2] 刘慧. "互联网+"背景下高校教学模式创新研究[M]. 沈阳：沈阳出版社，2019.

[3] 达巴姆. "互联网+"时代高校课堂教学模式改革与创新研究[M]. 长春：吉林人民出版社，2021.

[4] 樊孝述. 高校课堂教学方法与技巧[M]. 武汉：华中科技大学出版社，2017.

[5] 宋敬敬. 高校教学方法研究与改革实践[M]. 长春：吉林大学出版社，2015.

[6] 林崇华，张慧川. 基于深度学习算法的高校教学模式评价研究[J]. 现代电子技术，2021，44（3）：95-99.

[7] 孙雨生，程亚南，朱礼军. 基于MOOC的高校教学模式构建研究[J]. 远程教育杂志，2015，33（3）：65-71.

[8] 杨慧，丁正生，宋艳娥，等. 微课教学对高校教学模式改革的影响[J]. 科技展望，2015，25（15）：194.

[9] 朱娟花，吴昂，胡建东. 创新型高校教学模式的探索与实践[J]. 赤峰学院学报（自然科学版），2015，31（22）：203-204.

[10] 李欣铭，张康男. "互联网+"背景下高校教学模式改革探究[J]. 教育现代化，2019，6（38）：227-228.

[11] 刘阳城. 互联网背景下高校教学模式创新与改革策略[J]. 世纪桥，2019（6）：75-77.

[12] 胡鸿志，管芳，郭庆. 基于翻转课堂与慕课的高校教学模式研究与实践

[J]. 实验技术与管理，2016，33（12）：189-192.
[13] 张云霞，江慧. 以微课为契机的高校教学模式变革探讨[J]. 学校党建与思想教育，2017（6）：35-37.
[14] 吉丽君，王静. 高校教学模式多元化研究[J]. 未来与发展，2020，44（3）：84-87.
[15] 宁伟东，师东菊，周雪，等. 高校教学模式改革和课程体系优化实践研究[J]. 黑龙江科学，2020，11（13）：50-51.
[16] 李颖. 面向创新人才培养的高校教学模式：基本观念、设计策略与实施保障[J]. 江苏高教，2014（2）：113-115.
[17] 李丽萍. "慕课"背景下高校教学模式改革新视角研究[J]. 中小企业管理与科技（下旬刊），2014（11）：252-253.
[18] 张敏. 信息化时代高校教学模式改革探讨[J]. 信息记录材料，2018，19（1）：138-140.
[19] 彭晓洁，李洋，胡秋凡. "翻转课堂"高校教学模式改革的探讨[J]. 集美大学学报（教育科学版），2017，18（6）：80-84.
[20] 李步升，胡静芳. 融合新型网络课堂的高校教学模式的研究[J]. 办公自动化，2018，23（16）：32-34，37.
[21] 石媛，牟占军. 浅谈高校教师教学方法的创新[J]. 教育教学论坛，2013（4）：48-50.
[22] 邵士权，别敦荣. 我国高等学校教学方法创新研究[J]. 高等教育研究，2013，34（1）：96.
[23] 杨雪. 基于创新能力培养的高校教学方法改革研究[J]. 中国成人教育，2013（5）：180-182.
[24] 孟巧颖. 现代教育理念下的我国高校教学方法改革研究[J]. 中国西部科技，2013，12（10）：116-117，97.
[25] 姚利民，段文彧. 高校教学方法改革探讨[J]. 中国大学教学，2013（8）：60-64.
[26] 栾著. 高校教学方法创新体系的建构与实现[J]. 中国石油大学学报（社会科学版），2015，31（1）：107-112.
[27] 范红. 高校教学方法创新策略[J]. 长春教育学院学报，2015，31（2）：119-120.

[28] 姚远. 现代信息技术对高校教学方法的影响研究[J]. 中外企业家，2015（32）：206.
[29] 李丽，陆军，谢威士. 小组合作研究性学习的学习效果及其影响因素分析[J]. 石家庄学院学报，2015，17（6）：101–105.
[30] 丛亮. 大数据背景下高校信息化教学模式的构建研究[J]. 中国电化教育，2017（12）：98–102，137.
[31] 梁银禧. 大数据时代下高校教学方法改革模式研究[J]. 黑龙江科学，2018，9（11）：96–97.
[32] 马鸿雁. 基于移动云计算的高校教学方法创新[J]. 林区教学，2014（10）：97–98.
[33] 罗三桂. 高校慕课教学方法改革的路径选择[J]. 中国大学教学，2018（9）：74–77.
[34] 戴学臻，陈美琪，苑仁腾. 基于研究性学习的高校教学方法探讨[J]. 教育教学论坛，2019（4）：184–185.
[35] 罗永有. 大数据背景下高校教学方法改革模式探究[J]. 数字通信世界，2019（6）：253–254.
[36] 胡俊毅. 多媒体技术下高校教学课程方法的改革与创新[J]. 国际公关，2020（9）：106–107.
[37] 高耀丽. 以问题为本的学习对我国高校教学方法改革的启示[J]. 铁道警官高等专科学校学报，2005，15（1）：117–119.
[38] 丁华. 高校教学方法与教学手段改革的新审视[J]. 陕西教育（高教），2016（8）：70，78.
[39] 张云霞. 现代信息技术与地方高校教学方法创新[J]. 柳州职业技术学院学报，2014，14（5）：49–52.
[40] 吴强，张金学，黄桂芝，等. 高校教学方法改革趋势的研究与探索[J]. 黑龙江高教研究，1999（5）：84–86.
[41] 罗磊，汪斌. 探讨—互动—启发式教学研究引发的思考[J]. 黄山学院学报，2012，40（5）：134–137.
[42] 啜惠民. 论高校教师的课堂教学方法及其作用[J]. 河北农业技术师范学院学报，1989（1）：39–43.
[43] 朱杰，邢艺兰，王静，等. “互联网+教育”背景下高校课堂教学方法研究

[J]. 北华航天工业学院学报，2020，30（6）：45-46.
[44] 张静. 我国高校课堂教学方法存在的问题及改革策略[J]. 天中学刊，2010，25（3）：136-138.
[45] 秦楠. “互联网+”背景下混合式教学模式建构研究[D]. 济南：山东师范大学，2017.
[46] 贾楠. 基于翻转课堂的高校教学模式改革研究[D]. 大连：辽宁师范大学，2017.
[47] 李艳静. 网络时代高校教学方法创新研究[D]. 哈尔滨：黑龙江大学，2019.
[48] 陈晓菲. 翻转课堂教学模式的研究[D]. 武汉：华中师范大学，2014.
[49] 陈婷. “互联网+教育”背景下智慧课堂教学模式设计与应用研究[D]. 徐州：江苏师范大学，2017.